日本国憲法のお誕生

その受容の社会史

江橋　崇
EBASHI Takashi

有斐閣

目次

執筆者　江橋　崇（えばし・たかし）

東京都生まれ。昭和四一年東京大学法学部卒、同年同研究助手（憲法）。法政大学専任講師、助教授を経て、昭和五五年同教授。平成二五年定年退職。現在、法政大学名誉教授。この間、ロンドン大学高等法学研究所、ウィーン大学法学部、ハンス・ケルゼン研究所、北京外国語大学北京日本学研究センター、上海外国語大学の研究員、客員教授。憲法理論研究会、全国憲法研究会、日本公法学会、国際人権法学会、自治体学会等に所属。

〈社会的活動〉

東京大学法学部憲法訴訟研究会、自由人権協会情報公開法研究会、同国際人権法研究会、小西反軍裁判新潟地裁特別弁護人、東大社研治安維持法研究会、町田市情報公開・個人情報保護審査会、川崎市人権施策推進協議会、かながわ国際政策推進懇話会、自治総研「外国人は住民です」研究会、ＪＩＣＡ国総研「地方自治体と国際協力のあり方」研究会、世界人権会議ＮＧＯ連絡会、ＮＧＯ自治体国際協力推進会議、「エイズに学ぶ」研究会、東京都女性問題協議会、東京都国際財団市民活動助成金審査会、パブリック・リソース・センター、市民立法機構・市民立憲フォーラム、部落解放研人権条例とまちづくり研究会、人権政策研究会、フォーラム平和・人権・環境、日中友好会館、国際カード協会（ＩＰＣＳ）、遊戯史学会、日本人形玩具学会、大牟田市立三池カルタ記念館、日本健康麻将協会、麻雀博物館、日本かるた文化館。

〈主な著作〉

『現代の憲法論』共著、敬文堂、昭和四五年。『憲法判例集』共編著、有斐閣、昭和五三年。『ゼミナール憲法裁判』共著、日本評論社、昭和六一年。『講座憲法訴訟』共著、有斐閣、昭和六二年。『ヒューマン・ライト――いま世界の人権は』共訳、日本評論社、昭和六三年。『象徴天皇制の構造、憲法学者による解読』編著、日本評論社、平成二年。『くらしと日本の省庁（総合的学習に役立つ）』監修、小峰書店、平成三年。『自治体国際協力の時代』監修、大学教育出版、平成三年。『外国人は住民です――自治体の外国人住民施策ガイド』編著、学陽書房、平成五年。『来日外国人人権白書』編著、明石書店、平成九年。『麻雀博物館大圖録』編著、竹書房、平成一一年。『市民主権からの憲法理論――増補型改正の提案』生活社、平成一七年。『「官」の憲法と「民」の憲法――国民投票と市民主権』信山社、平成一八年。『企業の社会的責任経営――ＣＳＲと国連グローバル・コンパクトの可能性』編著、法政大学出版局、平成二一年。『かるた』〈ものと人間の文化史173〉法政大学出版局、平成二七年。

はじめに

昭和二一（一九四六）年、敗戦間もない日本国民は不思議な憲法体験をした。八カ月前まで「不磨の大典」とされていた大日本帝国憲法であったが、敗戦にともない、小規模な改正の必要性が政府の方針として公表されていた。それがこの年の三月に政府から発表された憲法改正要綱は、大雑把なものではあったがとんでもない大改正案であり、この新憲法は「主権在民」と「戦争放棄」を二大原則とするというのがその説明であった。「一朝目覚めれば天下の人」という言葉があるが、天皇陛下の忠実な臣民だったのに、「一朝目覚めれば主権者国民」だったのである。

同年四月に敗戦後初めての衆議院議員の総選挙が行われて、その後議会で改正案の審議が進み、その様子は新聞やラジオで報道されたが人々が理解するには時間が足りなかった。一番中心の「主権在民」と敗戦によっても国体が護持されたはずの天皇制との関係さえよく分からないままに審議が完了した。主権者であれば、直接に賛否を問う国民投票があってもよかったがそれもなく、それに代えて、まだ議会での審議も始まる前で憲法条文の形も見えない時期に行われた衆議院議員総選挙で政府案に賛成を表明した政党の候補者に投票したことが、新憲法への賛成の意思表明とみなされた。

でき上がった「日本國憲法」（以下では「國」は「国」も併用）は同年一一月三日に「公布」されて全国各地で祝賀行事が行われて、多くの人々が祝典に参加し、行事や余興を楽しんだ。このころから新憲法の画期的な意義を説く解説、啓発の活動が盛んになり、同年一二月一日に帝国議会の外郭団体として「憲法普及會（会）」ができると、政府の普及、啓発活動がシャワーのように人々に降りそそぐようになった。硬い解説の書物から、紙芝居、レコード、かるたなどの国民向けの啓発グッズまでが多種多様に世に送り出されて、この祝福ムードの中で翌昭和二二（一九四七）年五月三日に新憲法は施行された。

こうした「日本国憲法」の生誕の経緯は、社会史としては実はあまりよく分かってはいない。敗戦にともない主権を失い、外国軍隊の支配下にあった国で起きた日本国民の不思議な憲法体験の実相は、その記録も記憶も歴史の闇に隠れてしまい、明らかになっていない。これでは日本国憲法がかわいそうだと思う。

ところが、日本社会には、当時の社会の実相を鮮明に伝えている物品が実は多数残されていた。それは、昭和二一年、二二年当時に大量に作られてばらまかれた新憲法の記念グッズ、啓発グッズである。これらの物品史料は、社会の片隅に捨てられていてだれも見向きもしない。だが、それらをよく見て、その語るところに耳を澄ませれば、そこに、今までの正史の説明では聞いたことのない日本国憲法誕生の真相が明らかになる。

これから、これらのグッズが語る日本国憲法誕生のドラマをひも解いてみたい。私たちが昭和二一年の日本にタイムスリップして、日本国憲法誕生の当時に、新憲法制定の意義と、政府が強調した①象徴天皇制を含んだ主権在民と②戦争放棄という新憲法の二大原則の意義が日本社会でどう説明され、人々にどう理解されていたのかを追体験してみたい。ここに戦後憲法社会史を探求する扉が開かれるのであり、不毛な改憲・護憲論争を冷却する入り口が見えるであろう。私は物品の説明、解説はするが、なるべく感想、意見はひかえて、グッズそのものが語るところにすなおに耳を傾けてみたいと思う。

なお、ここで本書の表記について一言しておきたい。本書では、旧漢字と新漢字、古い送り仮名と現在の送り仮名が登場する。「國」と「国」、「思ふ」と「思う」という具合である。最近の憲法史の著作や資料集では、古い史料も新漢字に直して表記することが多いが、どうも味気ない。私はそれと違って、歴史の記述では新旧の使い分けをしている。本書でも「日本國」もあれば「日本国」もある。基準は単純で、歴史史料を「引用」するときは原文で用いられている漢字と送り仮名を使い、私が説明する文章では新漢字と現代送り仮名を使う。

ここで「日本國憲法」という表記について説明しておこう。昭和二一年にこの言葉が登場した当時には、昭和一七（一九四二）年の「標準漢字表」の「簡易字体」で「國」は「国」を使ってもよくなったが、そこでの「留保」条項により、天皇の詔勅や大日本帝国憲法のようにおごそかなものは常に「國」を使い続けなければならなかった。だから、四年後の昭和二一年に生じた新憲法の検討時には、「日本國憲法」でも「日本国憲法」でもよかったのだが、当時の政府も、各政党も、民間も、みな「日本國憲法」と表記した。新憲法は大日本帝国憲法を改定するおごそかなものと考えていたからである。それを旧憲法とは断絶した、主権者となった国民が自ら制定した新しい別の憲法であると理解するようになったのは後付けの理屈である。このような当時の社会の空気を表すには、やはり「日本國憲法」で始める方がよい。本書の読者には慣れない漢字や送り仮名が出てくるので迷惑かもしれないが、歴史の書は、タイム・カプセルのように過去の時代に飛んで、その時代、その社会を追体験するものだし、慣れるまでそれほど時間もかからないので、歴史の体験への入場切符と思って我慢してお付き合いいただけると嬉しい(1)。

第一章　新憲法普及啓発グッズの三点盛り

現代史の多くの著作では、日本国憲法が制定されたときに、その普及、啓発の事業が数多く取り組まれたと指摘されている。街頭で上演された紙芝居、一〇〇万人以上の人々が踊った「憲法音頭」のレコード、そしてサトウハチローや横山隆一らの文化人がたずさわった「新憲法かるた」は、いわば啓発用具の「三点盛り」であり、その果たした役割が肯定的に語られている。本書も、新憲法記念グッズの紹介をこの神話的な「三点盛り」の物語からはじめたい。

一　憲法記念紙芝居

1　憲法制定記念紙芝居「憲法の家」

憲法制定記念グッズの紹介は紙芝居からはじめたい。憲法記念紙芝居といえば、東京渋谷の街頭で「憲法普及會」が実演するところが当時の雑誌『アサヒグラフ』に取り上げられて、国民向けの啓発グッズとしてはひときわ目立ったが、その内容はだれも知らない。憲法普及會が制作して全国の支部に配ったサトウハチロー作、西川辰美画の紙芝居「トボチン」は、実物が国会図書館や憲政記念館にも、サトウハチロー記念館にも西川の遺族にも伝わっていないし、内容についての記録も一切存在しない。記録では五〇〇部制作しているのでどこかに残っているのではないかと探しているが現在まで発見できていない。

それに代わるというわけではないが、もう一つの記念普及紙芝居が手元にある。憲法普及會京都支部が都《みやこ》新聞社と協力して制作した「憲法の家」[2]である。大山春樹作、宇野一路画のこの紙芝居は昭和二二（一九四七）年五月一日に発行されて、同月五日から三一日まで京都市内の丸物百貨店で開かれた憲法施行記念商工博覧会の席で披露され、実演されたという記録がある。

「憲法の家」は全部で二〇景で構成されていて、だいたいはこんな内容である。

主人公は町に住む小学校六年生の正夫君である。山の村に住むお祖父さんから孫ができたので遊びにおいでという手紙が来たので、女学校三年生のお姉さんとお祝いにでかける。お祖父さんの家に到着するとそのまま従兄の善平といっしょに木登りで遊ぶ。近所の餓鬼大将の勘太が正夫君の靴を盗もうとするが、通りかかった校長先生にその非をさとされる。そのあと、お祖父さんの家での夕食後の団らんで、生まれた子どもの名前のつけかたが話題になり、周平、太平、秀吉などの案もだされたが、学校で先生

新憲法紙芝居の街頭上演風景
（東京・渋谷）（提供朝日新聞社）

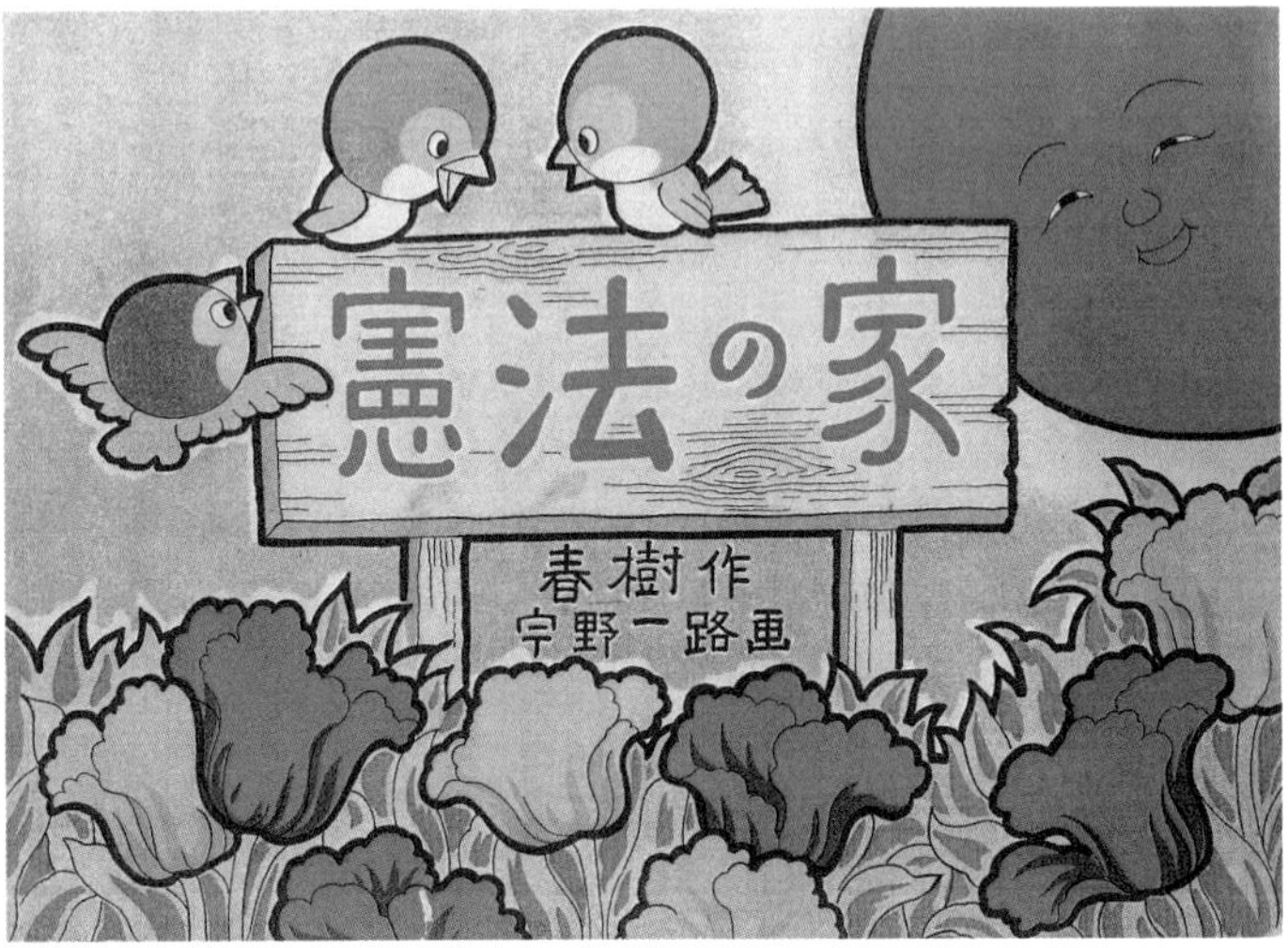

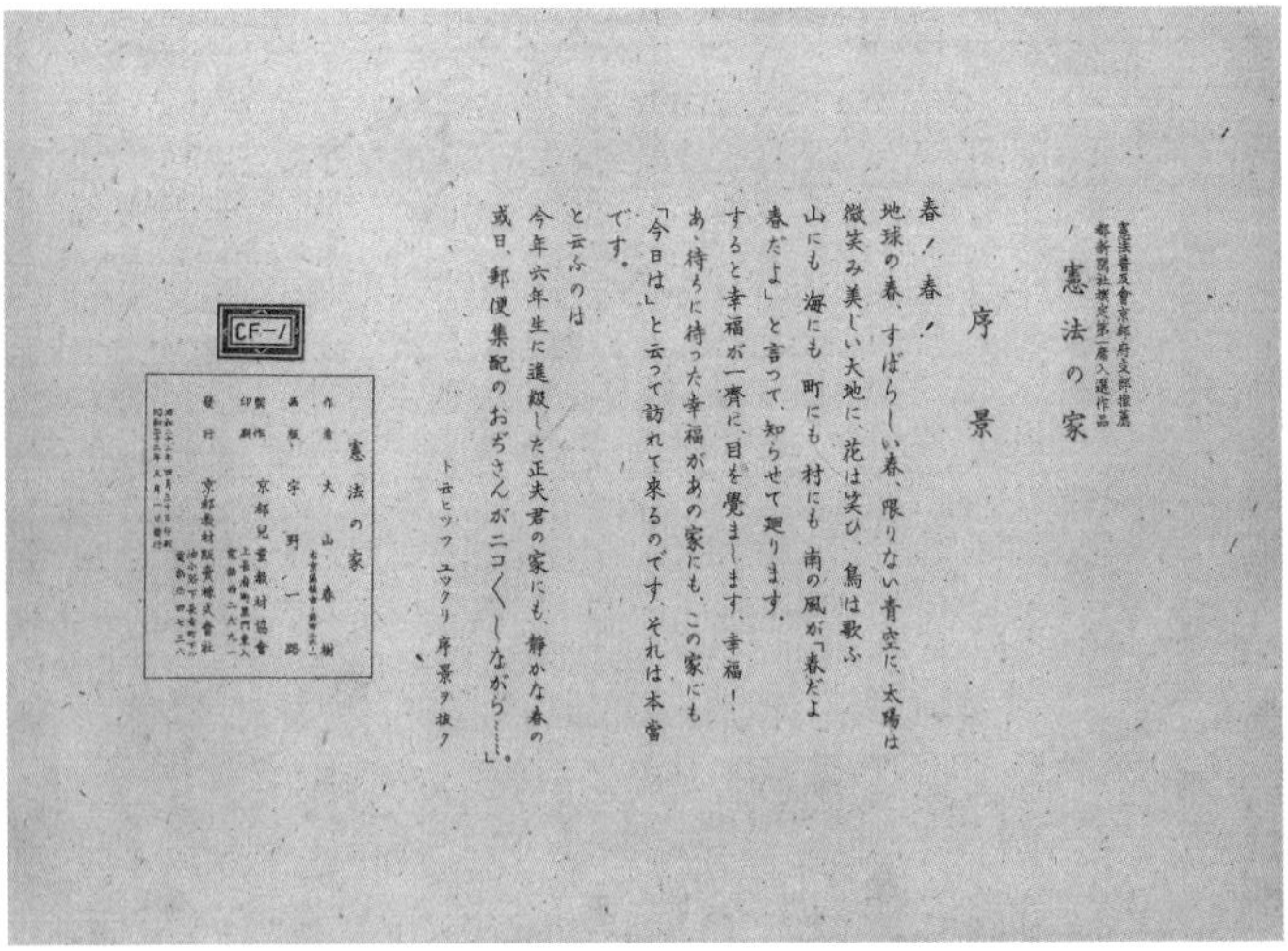

憲法普及會京都府支部推薦
都新聞社撰定第一席入選作品

憲法の家

序景

春！春！
地球の春、すばらしい春、限りない青空に、太陽は微笑み美しい大地に、花は笑ひ、鳥は歌ふ
山にも 海にも 町にも 村にも 南の風が「春だよ春だよ」と言って、知らせて廻ります。
すると幸福が一齊に、目を覚まします、幸福！
あ、待ちに待った幸福があの家にも、この家にも
「今日は」と云って訪れて來るのです、それは本當です。
と云ふのは
今年六年生に進級した正夫君の家にも、静かな春の或日、郵便集配のおぢさんがニコくしながら……」。

ト云ヒツツ ユツクリ 序景ヲ抜ク

CF—1

憲法の家
作者 大山春樹
画版 宇野一路
製作 京都兒童教材協會
印刷
發行 京都教材販賣株式會社

新憲法紙芝居『憲法の家』（京都教材販賣株式會社）

から憲法の話を聞いたことを思いだした正夫君の提案で憲造に決まった。その席でお祖父さんから「正夫は憲法が分るかい」と聞かれて「僕、ハッキリ分らないんです」と答えると「ぢやあ、善平はどうだな」「僕も、知らんよ」となり「さうか、ぢやあ、これからお祖父さんが皆に教へてあげよう」ということになり、第八景から第一三景にかけて日本国憲法の解説が進む。

お祖父さんは、憲法は人々が安心して暮していける国の大黒柱で、「新憲法は日本の國民のために、日本の國民が最も暮しやすいように」作られていると説明する。「日本の國は天皇様が治められるのではなく、吾々國民の國で、國民が皆んなして治めるのだけれども、吾々は天皇様を敬ふのだ」。天皇は家でいえば床の間のように一番大切にきれいにするところで「これは昔から吾々日本人が守り續けて來た、眞心からの美しい清らかな感情なのだ」。次に「外國と戰争をしないと云ふことが定めてある」し、「平和の國、學問の國、産業の國、農業の國として立っていくのだよ」と説明する。「世界でも有名なこの美しい日本を外國の人に見せるために、より美しくし、國民は優しく強くなり、立派な美術を創り、文學を創り、昔からの大切な寶物《たからもの》を以て吾々日本人の心を見てもらって、世界の人々と仲よく暮さねばならないのだ」ということである。

以上で、新憲法の基本原則の主權在民、平和主義、文化国家の樹立が説明された。それから先の説明は簡略である。基本的人権については「吾々はみな生れながらに自由平等であることだ、お互いに尊敬し合ふのだ、自分一人の我儘《わがまま》はしてはならぬ、言ふべき事は言ひ、又人の話もよく聞くべきだ。」がすべてである。ここには、反差別も、社会権も、刑事人権もない。国会については「國の政治は何事でも皆が相談

新憲法紙芝居『憲法の家』(京都教材販賣株式會社)

してするのだ、それが選擧の方法によって行はれる、その選擧のことについて定めてある。」がすべてであり、衆参二院制のことも、議院内閣制のことも、議会の運営の原則のことも説明がない。内閣については一言もない。司法についいては「裁判官も皆が定めるわけだ。若し悪い裁判が行はれたら、それを正しくする方法も出來たのだから吾々は安心して毎日を暮すことが出來る」がすべてで、司法権の独立も違憲審査権も裁判の公開原則も説明がない。財政、地方自治、憲法改正、最高法規の条章については一言の説明もない。

この紙芝居での憲法についての説明はこれに尽きる。あとは、翌日になって正夫君と善平が勘太と仲直りして、反省した勘太は善平の家に遊びにくる。そのまた翌日、正夫君とお姉さんは汽車に乗って家に帰る。その車中での姉弟の会話で話はおわる。「あゝ姉さん。お祖父さんの家がまだ見えてゐる。光ってる」。「あの家は、ほんとにいゝわ」。「さうだよ。憲法のお家だもの」。

これが新憲法の啓発の紙芝居である。とても単純な内容である。憲法の中身の説明は貧弱であるし、話の展開でも、正夫君のお姉さんや善平のお母さん、お祖母さんの女性たちは、画面には登場するが発言もほとんどなく、存在感がない。田舎の子の勘太は草鞋《わらじ》履きで、靴が珍しくて町の子の正夫君に意地悪をするのだが反省して謝罪する。衣服や履物に貧富の差がありすぎるとは考えられていない。その他突っ込みどころは山ほどあるが、今日の視点からあれがない、これがないといってもはじまらない。

新憲法紙芝居『憲法の家』(京都教材販賣株式會社)

2　女性参政権啓発紙芝居「赤と青」

「憲法の家」が登場した当時の日本社会の空気をさらによく知るために、これと同じような傾向の大人向けの紙芝居「赤と青」(3)を紹介しておこう。

第二次大戦敗戦後の日本社会では、戦争中の戦意高揚紙芝居をひきついで、大人向けの政治教育紙芝居が大量に制作されていた。復員兵による農村の再建、食糧増産と供出の奨励、婦人参政権（略して婦選、当時の言葉）、民主主義、労働組合と労使協調、農村社会の民主化、新警察、児童労働、そして取引高税などが取りあげられている。「憲法の家」も「憲法施行記念商工博覧會」でデビューした大人むけの憲法啓発紙芝居であった。そうすると、内容が子どもっぽすぎるのが気になるが、それはこの際わきに置いて先に進みたい。

ここで、女性参政権啓発の紙芝居「赤と青」を紹介しておこう。これは昭和二〇（一九四五）年一二月一五日、女性参政権を認めた衆議院議員選挙法改正法公布の二日前に出版された、永村貞子作、松井末雄画、日本教育紙芝居協會（表紙では、日本教育紙芝居協会）制作の全二〇景の作品であり、第八景の横に囲み記事で山高しげりの「婦選の手引」が入る。内容は食糧難で苦しんで夫婦げんかもする人々が、女性参政権が認められたと教えられてそれをどう行使するのかあれこれ議論していた。主人公たちは田舎に食糧の買い出しに行ってやっと少量の芋を入手して、帰宅後に黄色の芋に紅と挽き茶で赤と青の色をつけた「さつまいもの茶巾絞」を作った。それを食べながら、茶巾絞も赤いものと青いものがあるから美しいので、女性も選挙権を行使して男性とともに新しい日本の政治に参画するべきであるという趣旨である。と

女性参政権紙芝居『赤と青』（日本教育紙芝居協會）

ころが、二色に分けた茶巾絞の両方を混ぜると色が濁ってきたなくなる、選挙権でも男女が同じように行動すればいいのではなくて、女は女らしく、男は男らしくあるべきだという話になる。女性固有の立場というものが強調されていて今日の男女共同参画とは別世界のようにみえるが、憲法制定直前の日本社会での男女平等とはこういう理解だったことがよくわかる。

さて、新憲法制定記念紙芝居の「トボチン」に戻ろう。『アサヒグラフ』の実演写真は有名であるが、画面にアメリカ兵などが写りこんでいて、これはＧＨＱやアメリカの世論向けに、日本は新憲法を国民みんなが理解できるようにこのように街頭でもまじめに勉強していますよという姿を見せようと憲法普及會が仕組んだ、外国人特派員やカメラマン向けの小芝居だという疑問がだされている。たしかに、全部で五〇〇部制作したとする報告書の記述が正しければ、多少のデコボコはあるにしても各都道府県には平均して一〇部が配布されたことになる。このなかから相当部数を「憲法施行記念商工博覧會」のような大人の有力者の集まりでの披露用に取り分けたとすると、一般の市民、とくに子どもたちへの実演にまわせたのは、県内でも大きい順に五、六の都市に一部ずつで終わりだったのではなかろうか。その貴重な一部を街頭での公演に使ってしまえば、一日一〇回、一カ月間、雨の日も風の日も実演したとして、一カ月で合計三〇〇回、子どもが平均二〇人、大人が二〇人集まったとして一回に四、五〇人、最大で一万五〇〇〇人程度であろう。これでは、広く国民の啓発に役立てたというにはボリューム不足ではなかろうか。「トボチン」は、有名なわりには実際に上演された数は少なかったと思われる。この紙芝居を見て憲法意識を啓発された大人の数も、その感想もよくわかっていない。

2

③

（先生）

「皆《みな》さん　婦選《ふせん》を持《も》つていらつしやるでせう。

婦選《ふせん》で　代議士《だいぎし》さんに　なほして　おもらひなさいな。」

（かね）

「フセン？　なんだらう。

（短い間）

あたしや持《も》つてゐませんよ、第《だい》一　あたしの所《とこ》に　手紙《てがみ》なんか來《き》ませんからね。

フセンて　受取人《うけとりにん》住所不明《ぢゆうしよふめい》つていふ
ピラ〳〵した紙《かみ》でせう。」

（先生）

「あら　違《ちが》ひますわ　婦人選擧權《ふじんせんきよけん》の事《こと》ですわ、
ちゞめて　フ　センです。」

（かね）

「あ、　さうですか。その事《こと》なら　家《うち》のお父《とう》さんが云《い》ひましたよ　今度《こんど》から　お前《まへ》にも選擧權《せんきよけん》が出來《でき》たぞ　つてね。

でもね　選擧權《せんきよけん》ていふから　きつと投票券とか配給券《はいきゆうけん》とかいふものと同《おな》じだらうし　どうせろくなものはくれないんだから、
めんどうくさい　貰《もら》はなくてもいいと思《おも》つてね。

それより　お米《こめ》の配給《はいきゆう》をふやして貰《もら》ひたいね、
奥《おく》さん。」

（先生）

「いいえ　婦人選擧權《ふじんせんきよけん》は大事《だいじ》なものですよ。

皆《みな》さんの云《い》ひたい事《こと》を　代表《だいへう》して云《い》つてくれる代議士《だいぎし》さんを選《えら》ぶ事《こと》ですもの。御主人《ごしゆじん》や子供《こども》さんの次位《つぎ》に大事《だいじ》なものですわ。」

もとは女學校《ぢよがつかう》の先生《せんせい》だつた奥《おく》さんの話《はなし》を聞《き》けば聞《き》くほど
婦人選擧權《ふじんせんきよけん》とは　結構《けつこう》、便利《べんり》なもの
おかねさんは　すつかり　感激《かんげき》してしまひました。

（ねきながら）

よいあんばいに　雨《あめ》もあがり、

女性参政権紙芝居『赤と青』（日本教育紙芝居協會）

二　新憲法祝賀レコード

１　祝賀歌曲「われらの日本」

音楽が政治に利用された例はいくらでもある。昭和二一年一二月に活動を始めた「憲法普及會」（以下、「會」は「会」も併用）も、日本国憲法の誕生を祝福する記念音楽と国民歌の制作に取り組んだ。「東京音楽學校」（以下、「學」は「学」も併用）（後の「東京芸術大学音楽学部」）の小宮豊隆学校長（ドイツ文学専攻）のもとに音楽家の信時潔、橋本國彦、長谷川良夫を集めて協議し、「祝典交響曲」を橋本が、「交声曲（カンタータ）」を長谷川が、国民歌「われらの日本」を信時が担当して制作していずれも昭和二二年五月三日の憲法施行を祝賀して発表された。

このうち、橋本の「祝典交響曲」と長谷川の「交声曲」は憲法施行日の祝典などで数回演奏され、NHKのラジオ番組でも放送されたがその後は活用されず、すぐに国民に忘れられていった。一方、国民歌「われらの日本」は旧国歌「君が代」にかわる国民皆唱歌として企画されたもので、土岐善麿が作詞し、信時が作曲した。土岐の作詞は、憲法普及會の『事業概要報告書』によれば、一番は「平和のひかり天に満ち……」で始まり、平和と正義の実現と自由の民の決起をうたい、二番は「……われらひとしく信愛の手に手つなぎて進みゆく」と民の信愛と団結の進展をよろこび、三番は「そよ風さくら春さけば野山の千草秋薫る……祖國よ家よ若くあれ」と日本の美しさと新生をたたえている。信時の作曲は、力強く健康な、明るい平明な旋律の歌曲にしあがっている。

この歌曲は、施行一週間前の四月二五日に、毎日新聞社主催の「新憲法実施記念　國民歌発表会」の席で初披露された。毎日新聞社は、はやくも前年の昭和二一年一一月三日の新憲法公布に合わせて「新日本の歌」の作詞を募集し、当選作の作曲も募集して、この日に発表した。その歌詞は、辻田真佐憲[4]によれば、「海原のみどりのなかにとこしへの平和もとめて　あたらしき国生れたり若き力われらもろ手に　共に起つわが祖国」であり、ビクター社からレコードになった。「発表会」はこれと施行記念の「われらの日本」とを合わせて発表して盛り上げようという企画であった。

「われらの日本」は、五月三日の施行日当日は、皇居前広場で行われた祝賀の都民大会の席で、主催者代表芦田均衆議院議員の開会あいさつ、尾崎行雄衆議院議員、吉田茂首相、安井誠一郎東京都知事の祝辞に続いて、東京音楽学校、武蔵野音楽学校、國立音楽学校の生徒三五〇人の合唱で発表された。翌日の「朝日新聞」によれば、「それは雨に冷く打たれて静まりかえつていた民衆のこゝろに華やいだ気持をよみがえらせ、歌声は一節ごとに高くなり、熱を加えていつた」。だが、曲が終わり金森徳次郎の閉式の辞が済むと、「突如〝君が代〟の奏楽が起り」、天皇、皇后が現れたので、「参列の民衆の中から期せずして『天皇陛下萬歳』の叫びが起り、それはついに怒とうのようなくり返しとなつて式場を包んだ。大臣も議員も民衆もただ何がしに目がしらを熱くして……くらい空いつぱい『万歳』をくり返すのだつた」という次第で、せっかくの新曲発表の席であったのに、主役の座は、ＧＨＱに使用が禁止されていたので久しぶりに聞くことができた「君が代」と、参加者の「天皇陛下萬歳」の大合唱に奪われてしまったようである。

なお、これも辻田の指摘によるのだが、天皇退席の際には、アメリカの国の行進曲であり、演奏会のエンディングにも使われる曲、「星条旗よ永遠なれ」が吹奏されたとされている(5)。これが事実だとすると、天皇、皇后の皇居への帰還がなぜアメリカの曲なのか、わけが分からないというか、GHQへの「忖度」が強すぎるというか、いずれにせよ奇妙な選曲である。

「われらの日本」は、憲法施行記念行事での発表直後にレコードになり、編曲・飯田信夫、独唱・柴田睦陸、合唱・日本ビクター合唱團、管弦楽・日本ビクターオーケストラという編成で、日本コロムビアレコード社で制作され、憲法普及會から全国に配布された。このレコードはラジオ放送でも繰り返し使われ、歌唱指導番組も登場し、また各地の行事でも参加者が合唱するように活用された。ただ、国歌「君が代」に代わるという考えかたは定着しなかったようで、主要な推進力であった憲法普及會が昭和二二年一二月に解散するとこれも間もなく忘れ去られていった。

「われらの日本」のレコードは、憲法普及會が制作を依頼して、できあがったものを非売品として全国に無料で配布した一度限りの特殊な記念品であった。制作元の日本コロムビアレコード社で調査してもらったが原盤も販売見本もどこにも残されていなかった。それどころか、これを商品として制作し、あるいは販売した記録も残っていない。どうやら、これは憲法普及會からの委託品で、レコード会社は、注文主に納品したのちには何も残さなかったようである。だから商品化した記録も現物も残されていない。こうしてこのレコードは、制作された枚数も不明なままに歴史のひだの中に姿を消してゆき、日本国憲法が音楽芸術で誕生を祝福されていた事実も人々の記憶から消えた。

私は、音楽作品に込められた憲法誕生当時の人々の気持ちを知りたくて、このレコードを長い間探していた。関係者の子孫に遺品がないか問い合わせたり、レコードのコレクターを訪ねたり、東京神田神保町の中古レコード屋に足を運んだりもしたが発見できないでいた。ところが思いがけず、平成五（一九九三）年にＴＢＳテレビの深夜報道番組「筑紫哲也ＮＥＷＳ23」がこのレコードのＢ面におさめた「憲法音頭」の探索に関心を持ち、憲法記念日に合わせた特集で取りあげることになり、発掘に協力してくれるようになった。すると、さすがに報道機関は力があって、集中的に取材を尽くすなかで、長野県中野市の中山晋平記念館の未整理資料の中から残されていた一枚をとうとう発見することができた。番組では「憲法音頭を探せ」という特集として放送することができて、私も出演した。だが、Ａ面の、信時潔作曲の「われらの日本」にスポットライトを与える余裕はなかった。

この歌曲はその後、平成二〇年に「日本伝統文化振興財団」が発行した『ＳＰ音源復刻盤　信時潔作品集成』(6)に収録されたので今では聴くことができるようになった。また私はこのレコードを入手する機会を二度得た。ノイズが多くて聴きとりにくいが当時の音源を追体験することはできる。

2 「憲法音頭」と盆踊り

信時の歌曲のレコードＢ面が「憲法音頭」である。憲法普及會は、「盆踊りは是非憲法音頭で」との意気込みで、作詞にサトウハチロー、作曲に中山晋平を起用して歌って踊れる音頭を制作し、昭和二二年四月二六日に藤間勘十郎、花柳寿輔が共同振付けをした舞踏曲として発表した。また、五月三日午後に東京、日比谷公会堂で行われた憲法施行記念講演会の席上で、舞踏は栗嶋すみ子社中、歌は日暮千代子で披露した。その後、歌唱・市丸、波岡惣一郎、管弦楽・ビクターオーケストラ、合唱・日本ビクター合唱團、伴奏・豊吉（三味線豊吉）という編成でレコードの吹き込みが行われ、この年の盆踊りの季節に間に合うように各地に配布された。

憲法普及會はその『事業概要報告書』で、日本藝能公社が普及にあたり、この音頭が全国に広まり、一カ所平均で二〇〇〇人、全国ではゆうに一〇〇万人を超える人々が踊ったと述べている[7]。だが、盆踊りで二〇〇〇人が一緒に踊るのは村祭り、町祭りの規模をはるかに超えた一大イベントであり、合計が一〇〇万人といえばお盆の時期に二〇〇〇人規模の憲法記念盆踊りが全国で五〇〇カ所以上も開催されたことになる。また、仮に、これもあり得ない想定なのだが、盆踊りの季節を一カ月と長めに考えて、一枚のレコードを毎週の週末、土曜日と日曜日、合計一〇夜の盆踊り大会で使ったとして、参加人数の方も常識に近づけて二〇〇人とすれば、やはり五〇〇カ所以上になる。これは大ニュースであるが当時の全国紙にも地方紙にも報道されていないので実際に起きたことであるのかは疑わしい。もしかしたらこれは、仮に全国に五〇〇枚を配布したとして、どこでも二〇〇〇人程度は集めたであろうと推定すれば合計で一〇〇万人の盆踊りになるという推計であったのではなかろうか。一枚のレコードで二〇〇〇人が輪になって踊るには相当に大音量のスピーカーが必要であり、戦争中の空襲の被害からもまだ回復できていない地方都市に、全国で五〇〇セットもそういう装置があったとも信じられない。

そして翌年の昭和二三（一九四八）年以降は、推し進めた憲法普及會が解散してしまったことも影響し

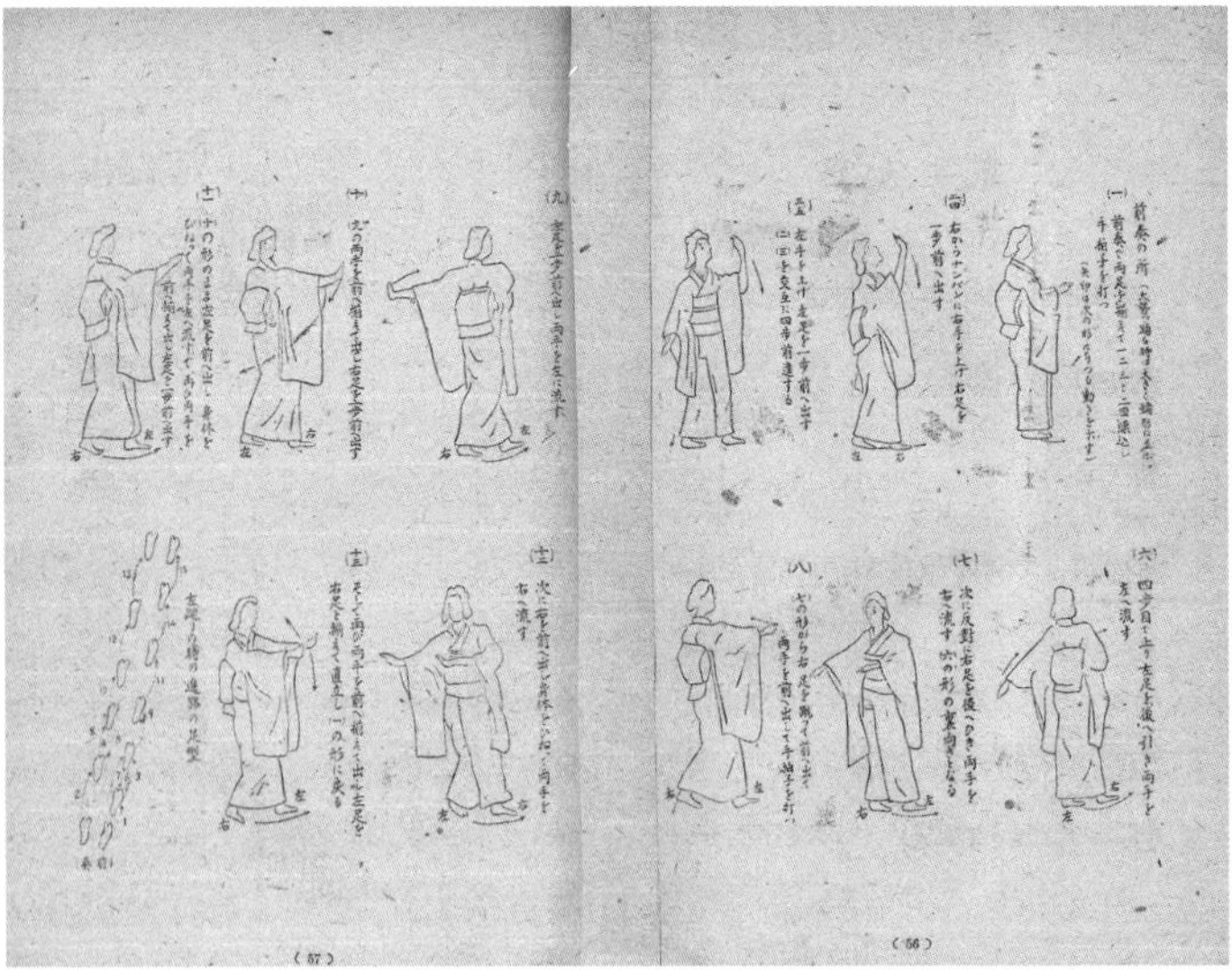

日本國憲法施行記念レコード「憲法音頭」（憲法普及會）

たのであろう、盆踊りからはすっかり姿を消している。結局、「憲法音頭」の「盆踊り」は上からの指示、指導が強かった昭和二二年の一年限り、一過性の現象であった。国民に広く愛されて、「下から盛り上がり、喜び楽しみながら参加する」祝賀行事であったというのは憲法普及會の作った憲法生誕神話だったようであり、参加者一〇〇万人超という数字は怪しい。ただ、万一憲法普及會が過大報告だと批判されても、それは委託した日本藝能公社の実施報告に虚偽があったのだと、委託元としての直接の責任を逃れられる記述になっているあたりがいかにも官僚らしい。

この「憲法音頭」のレコードについては、ＴＢＳの放送を録画した人から伝わって、和田登『踊りおどろか「憲法音頭」――その消えた謎の戦後』[8]の付録としてＣＤ盤がついているので当時の音源をたどることができる。

以上が憲法制定記念の音楽関係の創作や行事である。音楽で国の慶事を祝う。音楽で国民の精神を鼓舞する。それはほんの少し以前まで、戦意高揚でさんざん取り組まれてきた手法である。それを日本国憲法の制定を祝って再現したのは妥当だったのだろうか。音楽的に優れたものにしようとすれば戦争中も活躍していた音楽家に行き当たる。信時は、戦争中にＮＨＫの放送で日本軍が玉砕、全滅したときの戦意高揚報道で繰りかえし使用された「海ゆかば」の作曲者である。彼らの起用は妥当だったのだろうか。私は音楽家としての信時を高く評価しているし、彼が、他の音楽家のように、戦争中は軍部に媚びて軍歌を盛大に作りまくって青少年を戦争に鼓舞していたのに、敗戦後はケロリと忘れて真逆な歌曲や童謡を作曲し続けたのではなく、戦前から一貫して、国立の音楽学校の教授という立場から、国や学校、企業などの儀式や行事に楽曲を提供し続け、その一環として新憲法誕生の国家的な祝祭に音楽を提供した事情も十分に理解できるが、それでもここにもさまざまな突っ込みどころがあるだろうと思う。だが今は結論を急がずに、名曲「海ゆかば」の音源に接して感じるところにゆだねたい。

3 「君が代」に代わる新国歌案

なお、いくつかのおまけがある。まず、「われらの日本」が取って代わろうとした旧国歌「君が代」の運命である。日本を占領したGHQはそれを軍国主義のシンボルとして嫌い、その使用を禁止して、それは占領期間の七年間、昭和二七（一九五二）年の講和独立まで解けることがなかった。そのために「君が代」はもはや復活はしないという認識が強く、それにかわる新たな国歌、国民歌を制作する動きが繰りかえし現れた。「われらの日本」はその一例であり、毎日新聞社の「新日本の歌」とほぼ同時期で、その後に、朝日新聞社の「こころの青空」、日本教職員組合の「緑の山河」、壽屋（後の洋酒メーカーのサントリー）の「われら愛す」等が続いた。だがどれも定着することがなく、国歌不在状況が続いた。日本が講和独立した後になっても「君が代」には国内での抵抗感が強く、国歌としての復活には時間がかかった。

ちなみに、「君が代」と同じように国旗「日の丸」も使用が禁止されたのだが、これについては憲法施行日に合わせて、昭和二二年五月三日にそれまで禁止されていた官公庁での掲揚が認められ、皇居、国会議事堂、首相官邸、最高裁判所をはじめ、全国の官庁、自治体、学校などであらためて国旗として再デビューすることができた。「日の丸」もGHQが日本国民に与えた日本国憲法の祝賀グッズの一つだと考えられる。この日以降も、祝日の「日の丸」掲揚は引き続き許可されたが国民が勝手にそうすることは禁じられていて、全面的に解禁されたのは昭和二七年の講和独立ののちであった。

三　新憲法記念いろはかるた

1「新いろはかるた」

新憲法の制定に合わせて、横山隆一画の「新いろはかるた」が憲法普及會によって制作された。発行元の憲法普及會の記録では、かるたつくりというアイディアは同会の山形縣支部が制作した「いろはかるた」に始まり、これをもとに、同会として、徳川夢聲、辰野隆、颯田琴次、サトウ・ハチローの四名に事務局員も参加して原案を作り、さらに推敲を重ねて制作したようである。かるたは「憲法普及會制定」「東京都千代田區霞ヶ関文部省内　憲法普及會發行」のものであるが、東京玩具組合が制作して一般に販売していて、憲法普及會はそこから買い上げて全国各地の支部に配布するかたちになっていた。かるたの発行日や発行部数についての情報はのこされていない。

横山隆一は戦前に漫画集団を近藤日出造、清水崑らと立ち上げ、昭和一一（一九三六）年に東京朝日新聞で連載された漫画「江戸ッ子健ちゃん」のわき役で登場し、人気が出たのでスピンオフされて主人公になった、早稲田大学風の学帽を被っている少年、フクチャンの漫画で早くから人気者であった。戦争中は従軍記者としてジャワに出かけたので、「ジャバノフクチャン」「フクチャン従軍記」「フクチャン大東亜

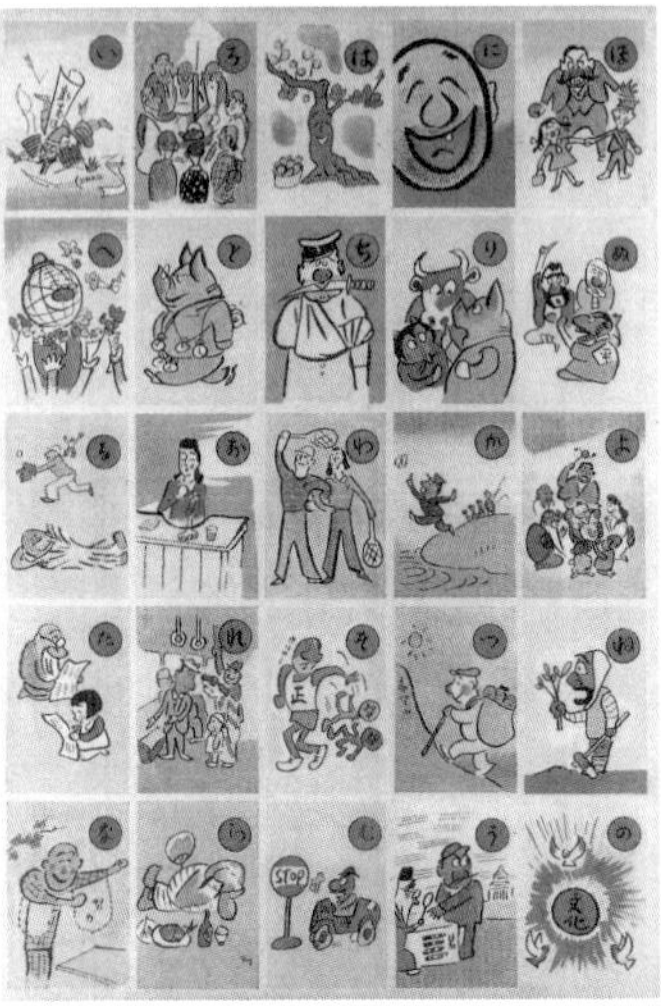

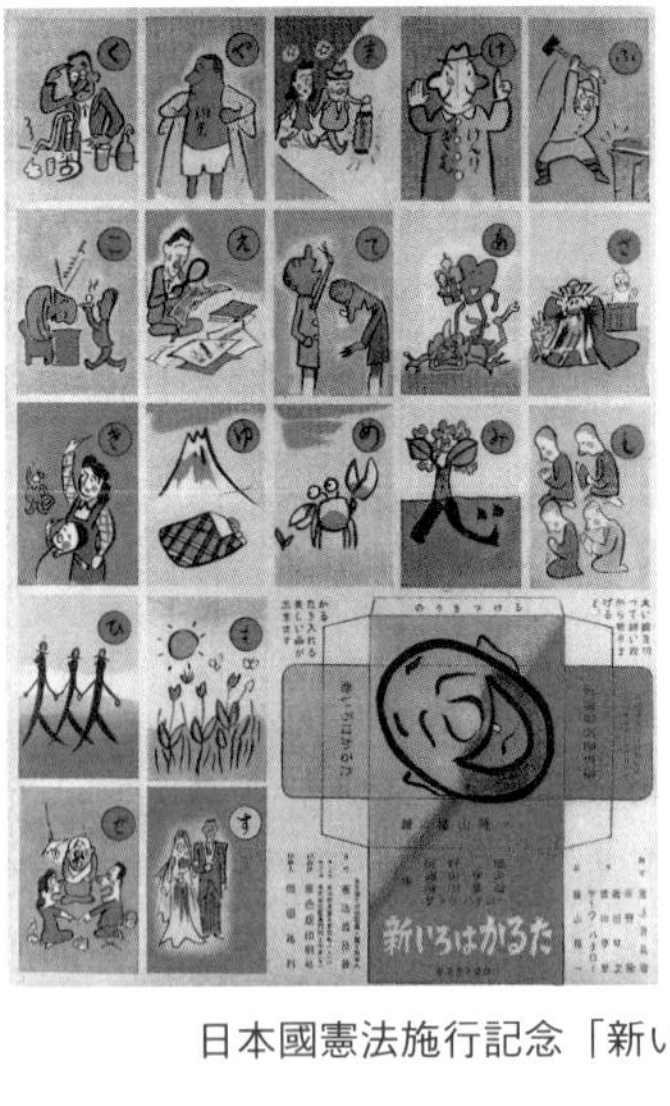

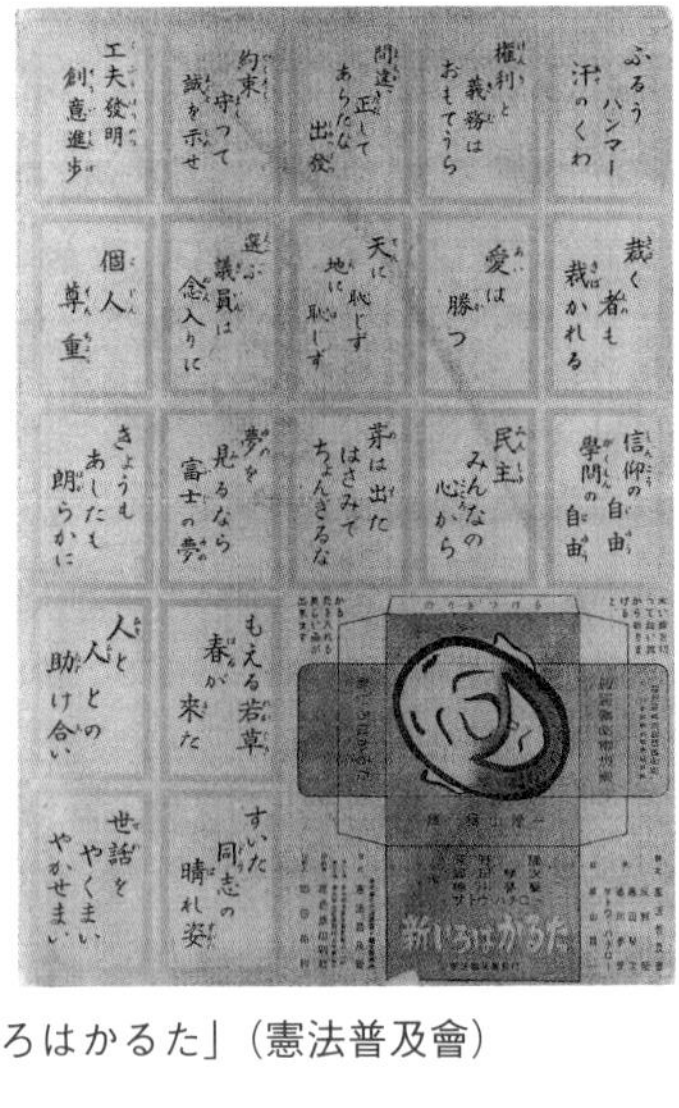

日本國憲法施行記念「新いろはかるた」（憲法普及會）

コドモカイギ」「フクチャンレンセイ（錬成）ノ巻」「フクチャンソラノ巻」「防衛フクチャン」などと戦時色が強い作品が多かったが、戦後も再び新聞連載に戻り、横山の人気も不動のものとなった。漫画集団の仲間であった清水崑は吉田茂首相批判の政治漫画で人気を博し、近藤日出造も活躍したが、横山は政府に協力的な漫画家であった。

サトウハチローは新憲法啓発紙芝居「トボチン」の作者であり、「憲法音頭」の作詞者でもあり、新いろはかるたの選考者でもあり、新憲法と縁が深い。サトウは戦前から作詞家として人気があり、とくに童謡に名作が多い。戦後は、映画の第一号として昭和二〇年一〇月に公開された「そよかぜ」の挿入歌「リンゴの唄」の大ヒットで作詞者としてスポットライトを浴び、ラジオ番組「話の泉」のレギュラーとして活躍するなど、ラジオタレントの走りでもあった。

「新いろはかるた」の実物は散逸して長い間一つも発見されておらず、横山隆一、サトウハチローなど、制作に関わった関係者やその家族に問い合わせても残されていなかった。ところが、平成年間になってから、「奈良県立図書情報館」が市民からこれの寄贈をうけて、戦争体験文庫の中で公開、展示した。これが、今日残されていることが確認されている唯一のものである。現地に出かけて実際に見てみると、予想外なことに「新いろはかるた」はかるたの形状ではなく、四枚一組の未裁断のシート状で頒布されていた。同館にあるものは、送られてきた四枚中の三枚の裏面に戦争中の戦意高揚紙芝居の残りものが上手に貼られていて、裁断してかるたとして使用する準備作業の途中で放置されて残されたものであることが分かる。

かるたの「い」は「いくさをなくす新憲法《しんけんぽう》」で始まり、「女《おんな》も代議士《だいぎ》大臣《だいじん》に」「権利《けんり》と義務《ぎむ》はおもてうら」「個人尊重《こじんそんちょう》」「選《えら》ぶ議員《ぎいん》は念《ねん》入りに」「裁《さば》く者も裁《さば》かれる」「民主《みんしゅ》みんなの心《こころ》から」など、憲法に関係しそうな文言のものもあり、なかには「信仰《しんこう》の自由學問《じゆうがくもん》の自由《じゆう》」と憲法の条文そのままのようなものもある。「間違《まちが》い正《ただ》してあらたな出發《しゅっぱつ》」の絵札は夜道を歩く男女二人連れで道を照らす提灯に新憲法とある。だが、多いのは「花《はな》も實《み》もある人《ひと》となれ」「勝手《かって》気ままは身《み》の破滅《はめつ》」「よい子よい親《おや》よいきょうだい」「礼節《れいせつ》は公《こう》徳《とく》のもと」「楽《らく》して食《く》おうは虫《むし》がよい」「工夫發明創意進歩《くふうはつめいそういしんぽ》」「きょうもあしたも朗《ほが》らかに」「世話《せわ》をやくまいやかせまい」などの道徳教育のような内容のものであり、「時《とき》を守《まも》らぬ野蠻人《やばんじん》」「根《ね》のない草木《くさき》は育《そだ》たない」「ないそでも努力次第《どりょくしだい》」「昇《のぼ》る太陽輝《たいようかがや》く文化《ぶんか》」「愛《あい》は勝《か》つ」「夢《ゆめ》を見《み》るなら富士《ふじ》の夢《ゆめ》」「芽《め》は出《で》たはさみでちょんぎるな」「もえる若草春《わかくさはる》が來《き》た」「すいた同志《どうし》の晴《は》れ姿《すがた》」など、どこが憲法に関連するのかが理解しにくいものも少なくない。だがこうしたものの総体が当時の人々、とくに文化人とされる人々の新憲法によせる理解であり期待であったのかと理解すると、そのレベルにとても興味深いものがある。なお、できあがりが新憲法の解説、啓発のツールとしてはややはめを外したと考えたのか、かるたの表題は「新憲法いろはかるた」ではなく単なる「新いろはかるた」であるあたりもおかしい。

2 「新憲法漫画いろは歌留多」

憲法記念かるたにはもう一つ別のものがある。「新憲法漫画いろは歌留多」である。このかるたは、包装箱の表面に「憲法普及會推薦、新憲法漫画いろは歌留多、池田さぶろ画」とあるだけで、どこでだれが制作したものであるのかは示されていない。絵を描いた池田さぶろは、第二次大戦後に東北地方で活躍した画家であり、絵柄が農村地域を描いたものであること、「あ」の絵札に「能代第二中學校一年B組級長選挙」という文字があることから、東北地方で制作されたものと思われたが、秋田県能代市内の高等学校や中学校には、このかるたの制作に関する記録も記憶も残されていなかった。また、このかるたと先述の憲法普及會山形縣支部が制作したとされている「いろはかるた」との関係も不明であるが、物資の乏しかった当時の事情のもとでは、これだけのものをつくれば当然に新聞などで報道されるのにそうしたニュースがほかにないので、これが憲法普及會がいう「山形県内で作られたいろはかるた」の正体であろうと推測された。

このかるたは、新憲法の制定を地方で記念して普及に努めた資料としてきわめてめずらしい。内容的には、憲法の条文の内容を説明することに終始しており、普及へのまっすぐな熱意が感じられる。

個別のカードの文章を見ると、「いまこそ生かせ民定憲法」「日本の象徴われらの天皇」「法にしたがいみんなが平等」「平和の道標一百三條」「独立司法の役目は重し」「地方政治も議會で動く」「類例まれなる戰争放棄」「よりつもたれつ衆、参議院」「連帯責任内閣一家」「総理大臣國會指名」「年に一度は通常國會」「内閣一致で行政すゝむ」「納税、勤労忘るな義務だ」「男と女權利は同じ」「役人こぞってまごころ奉仕」「まもり行へ最高法規」「結社、出版言論自由」「不信の決議で内閣ゆらぐ」「皇室典範國會議決」「永久まもれよ國際法規」「手がるにきめるな國家の予算」「基本人權みんなが尊重」と憲法条文そのままのようなものが多い。

また、「論より勤労日本再建」「理くつ文句に先だつ實践」「ぬからず監視独裁擬装」「神風願はず科學で

「新憲法漫画いろは歌留多」収納箱
（池田さぶろ画，憲法普及會秋田縣支部製）

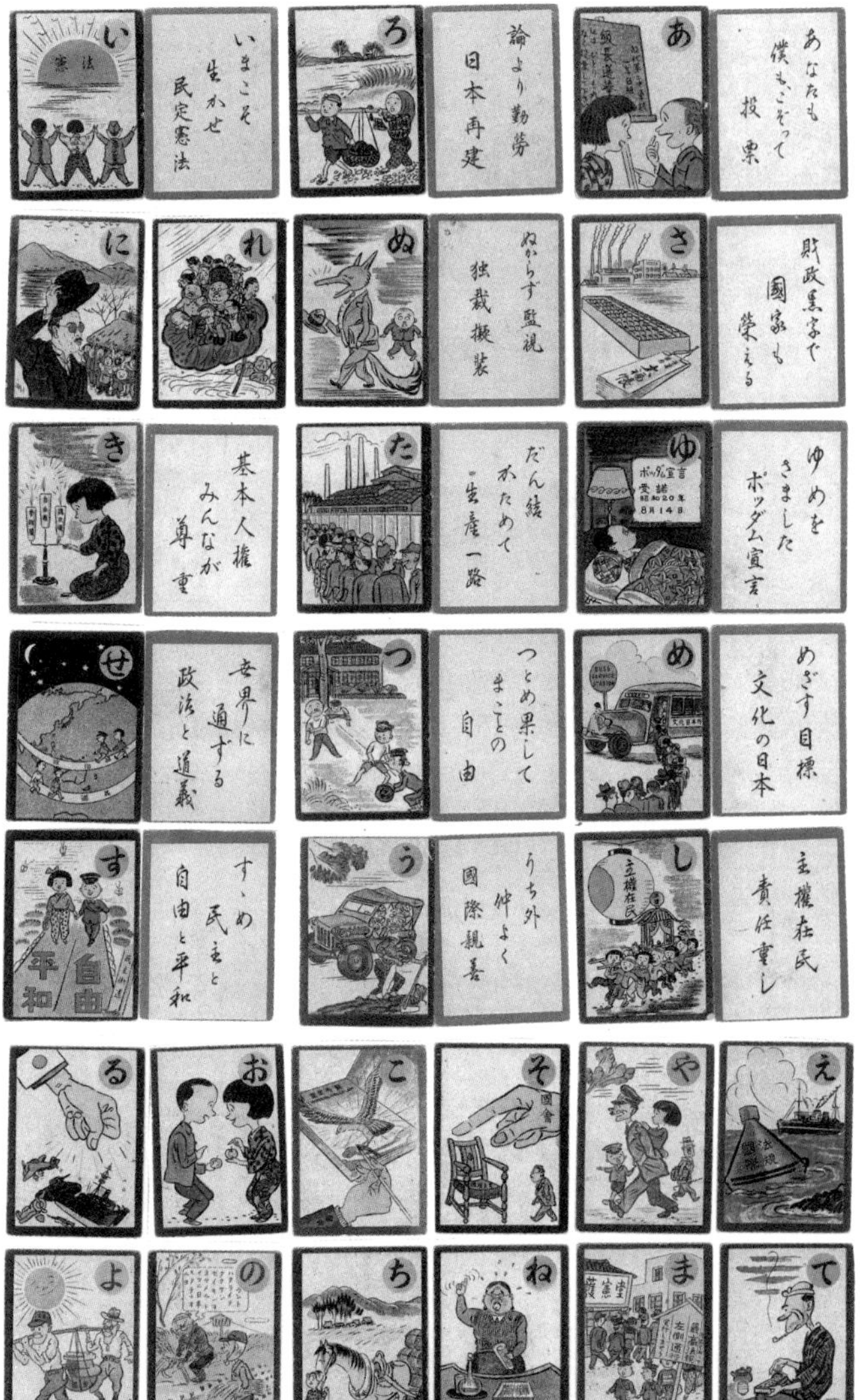

「新憲法漫画いろは歌留多」抜粋（池田さぶろ画，憲法普及會秋田縣支部製）

打開」「だん結かためて生産一路」「つとめ果してまことの自由」「うち外仲よく國際親善」「あなたも僕も、こぞって投票」「財政黒字で國家も榮える」「ゆめをさましたポッダム宣言」「めざす目標文化の日本」「主權在民責任重し」「世界に通ずる政治と道義」と新憲法の価値観、日本国民の持つべき心構えを説くものもある。最後の「す」は「すゝめ民主と自由と平和」である。

絵札を見ると農村の生活を描いたものが多く、「地方政治も議會で動く」が米俵を運ぶ荷馬車であったり、「つとめ果してまことの自由」が校庭での少年野球であったり、「納税、勤労忘るな義務だ」が田んぼでの米の刈入れ風景で中年の男性が「ウントハタライテタクサンゼイキンヲオサメルトイマニ日本モタチナオルヨ」と話しかけていたりする。今日の視点からすれば途方もない距離感で、横山隆一画の「新いろはかるた」の都会的な雰囲気の図柄からも相当時代遅れに見える。

だが、ここには日本国憲法をひたむきに学んでその意義を全編にわたって説明しようとする明確な意思があり、財政、地方自治、改正、最高法規などの部分まで取り入れてあり、また、日本の再建に必要な原理原則、新憲法の下での主権者国民が持つべき心構えも説かれている。このまっすぐな熱意が全編にみなぎっていることがこのかるたの最大の特徴であろう。たとえば「い」の札をはじめ、さまざまな場面で男女が協力している姿が描かれている。政治や教育の現場で活躍する女性も描かれている。女児はもんぺ姿で髪はおかっぱであるが、どの場面も生き生きと描かれている。末尾の「すゝめ民主と自由と平和」の絵札では、手をつないで「民主街道」を歩む男児と女児である。日本国憲法のいう「男女同権」がまっすぐに受け止められて支持されていることがわかる。これは、当時の日本国民による日本国憲法の積極的な受容を示す一つのすぐれたモデルである。この草の根のかるたのほうが、中央の憲法普及會の作ったものよりもはるかに新憲法を理解しており、歓迎しているのではないだろうか。

ところで、これの「に」の札は「日本の象徴われらの天皇」であり、絵札に帽子をとって農家の人々にあいさつする昭和天皇が描かれている。敗戦前の日本では、天皇の姿を玩具に登場させることは不敬にあたるとしてきびしく禁止されており、その風習は敗戦後ものこって、玩具に天皇が登場した例はない。マッカーサーも占領軍の総司令官としての在任中は玩具に登場することがなく、天皇に準じた不可侵の存在であったことが推測されている。このかるたは、こうしたタブーを打破しているのであるが、全体におだやかな構成なので、天皇制のタブーに挑戦しようと意図したとは考えにくい。地方であってタブーに気づかずに制作して、地方の警察はここまで監視の目が行き届かなかったという単純な事情があったのであろう。東京では決して出現しないハプニングである。

なお、本書の前身、『書斎の窓』でこの「新憲法漫画いろは歌留多」を取り上げた際に、読者から指摘があった。ここでは東北地方で制作されたこのかるたを高く評価したものの、作者や制作地などがよくわからないとしていた。読者は秋田県能代市の方で、このかるたが実際に能代市内の中学校で制作された経緯と作者について指摘してくださった。能代市内では、この二、三年、埋もれていたこのかるたの再発見、再評価がすすんでいて地方紙に関連記事がある。これは二〇年ほど以前に調査した私の知らなかった新情報である。当時成果が得られないのに失望して調査を中断したまま取りあげた私の手抜きのミスであった。調査を再開してインターネットで検索すればすぐにわかったのにと反省し、教えてくださった読者に感謝し、訂正した。また、平成二九（二〇一七）年五月三日のＴＢＳの憲法特番で「新憲法漫画いろは歌留多」が取り上げられた。テレビ局による現地調査で、かるたを制作した能代第二中学校では全校生徒（約一〇〇〇人）に配布していたことが分かった。

３　アメリカ製の「平和カルタ」

この節のおまけは「平和カルタ」である。これは一九四五年にアメリカで制作され、日本で広く配布されたいろはかるたである。まだ日本国憲法は影も形もない時期であり、憲法問題に取り組む以前のアメリカの考え方が明らかなので、憲法記念グッズには含まれないが紹介しておこう。

このかるたには、「強《ツヨ》クテ優《ヤサ》シイマッカーサア」「ルーズベルトワ平和神《ヘイワジン》」「駐屯軍《チュウトングン》ノ朗《ホガラ》カサ」「メリケン波止場《ハトバ》ニ寶船《タカラブネ》」などという言葉があり「民主主義《ミンシュシュギ》ヲミナ學《マナ》ベ」の絵札がアメリカの星条旗から学んでいる図であり、アメリカイズムがむんむんと立ちこめている。「平和神《ヘイワジン》」とか「駐屯軍《チュウトングン》」とか「大和魂《ダイワダマ》」など聞きなれない日本語であったり、いろは順で「を」と「お」が逆に入っていたり、日本製のいろはかるたにはない「ん」「運《ウン》ト神様《カミサマ》目《メ》ニ見《ミ》エヌ」があったりする点もアメリカ製の匂いが強い。他方で、「日本《ニホン》ノ改《カイ》造《ゾウ》コレカラヨ」「オトラヌ國《クニ》ト神《カミ》ダノミ」「神《カミ》ニ誓《チカ》テミナ盡《ツク》セ」「眠《ネム》テナラヌ大和魂《ダイワダマ》」「國《クニ》ヲ擧《アゲ》テノ大奮起《ダイフンキ》」のように日本の再建を鼓舞するものがある。また「村《ムラ》ノオ宮《ミヤ》ニ鳩《ハト》ポッポ」「嬉《ウレ》シイ平和《ヘイワ》デ総踊《ソウオド》リ」「天《テン》マデ上《アガ》レ平和凧《ヘイワダコ》」「咲《サイ》タ櫻《サクラ》ニ櫻《サクラ》モモ（桜桃《オウトウ》の誤読？）」など、平和な日常の生活の回復を喜ぶものもある。アメリカが考えていた再建日本の姿であろう。

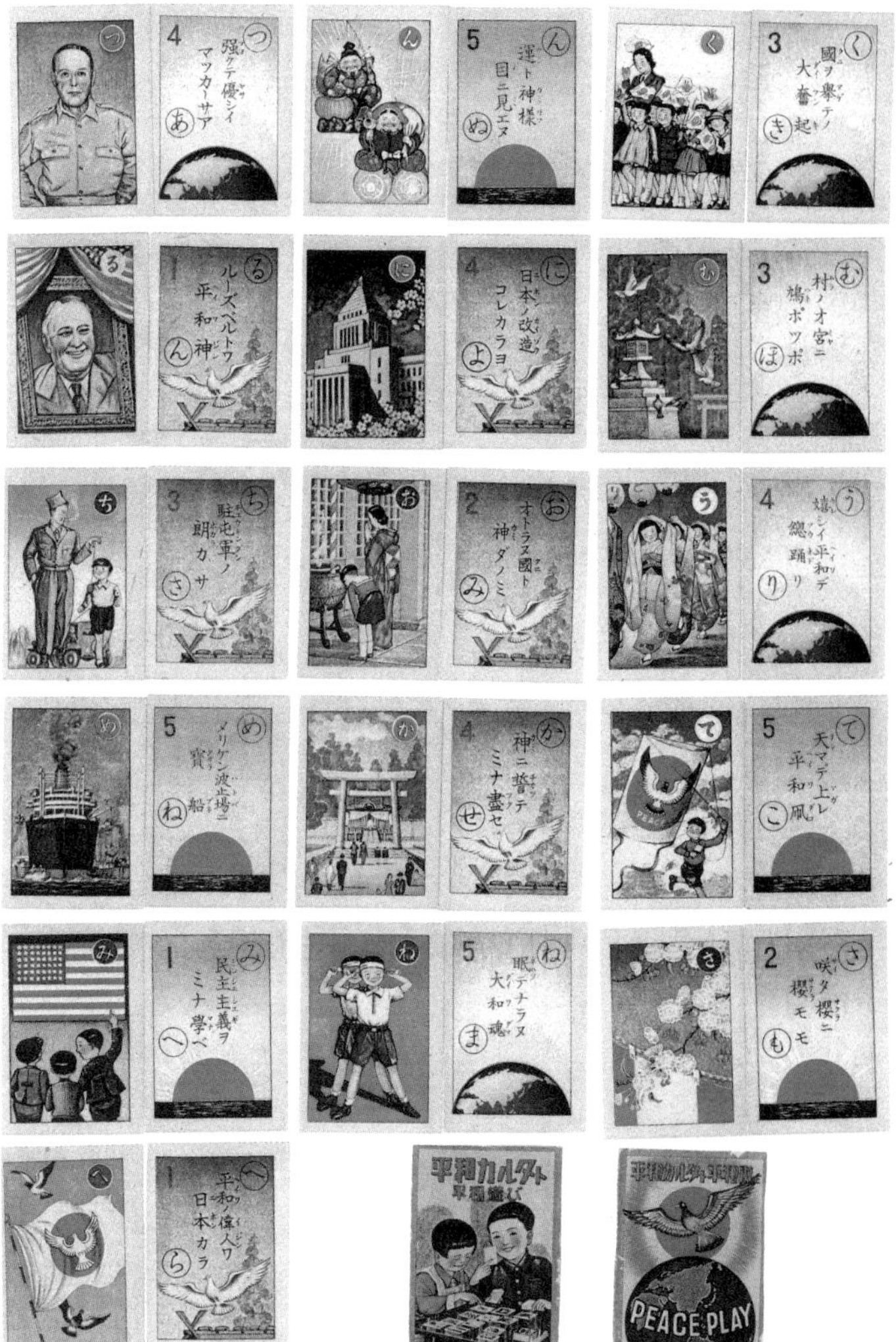

「平和カルタ」抜粋（アメリカ製）

とくに興味深いのは、天皇制が、廃止と考えたのかまったく登場しないことと、昭和二〇（一九四五）年一二月の「神道指令」よりも以前の作品なので神社やそれを信仰する姿が肯定的に扱われていることと、「平和《ヘイワ》ノ偉人《イジン》ワ日本《ニホン》カラ」の絵札に「日の丸」の上に平和の鳩を加えた新しいデザインの国旗が描かれていることである。同じ図柄は「天《テン》マデ上《アガ》レ平和《ヘイワ》凧《ダコ》」の凧絵にも登場する。このかるたは再版されている。福岡県大牟田市の「三池カルタ・歴史資料館」には初版、再版がそろって所蔵されていて比較できるのでそれを見ると、初版では軍服姿のマッカーサーが再版ではスーツ姿に描きなおされている。このようにＧＨＱが深く関与して細心の注意をはらって作られたものであるから、かるた上での天皇制の消滅も神道の許容も新国旗のプランも作者個人の思いつきではなく、当時ＧＨＱないしアメリカ本国の一部でこうしたことが検討されていたであろう事情を推測させる。この点の事実の探索は、いずれ決定的な証拠の史料が出てくるのを待ちたい。

第二章　官も民も記念品作り

新憲法の制定は国の慶事である。明治時代の大日本帝国憲法の制定時には、制定に功績のあった者に金、銀の褒章《ほうしょう》があたえられ（六〇頁参照）、また、さまざまな「御下賜」の記念品が東京都民などに配布された。市民のがわからも皇室への「献上品」があった。

日本国憲法の制定にさいしても、この先例を守ったのか、政府も天皇も、自治体も、民間も記念品を制作した。また、天皇にかわって政府は、食糧難で配給制度が多かった当時であるが、食料や酒、たばこなどの嗜好品《しこうひん》の「特配」を行った。今残されているこうした記念品を見ると、戦争で経済力を失っていた当時なので質素な物しか用意できなかった事情や、天皇制にたいする占領軍の厳しい監視の眼などが見えてくる。貧しい中で精いっぱいがんばった記念品の数々を見てみよう。

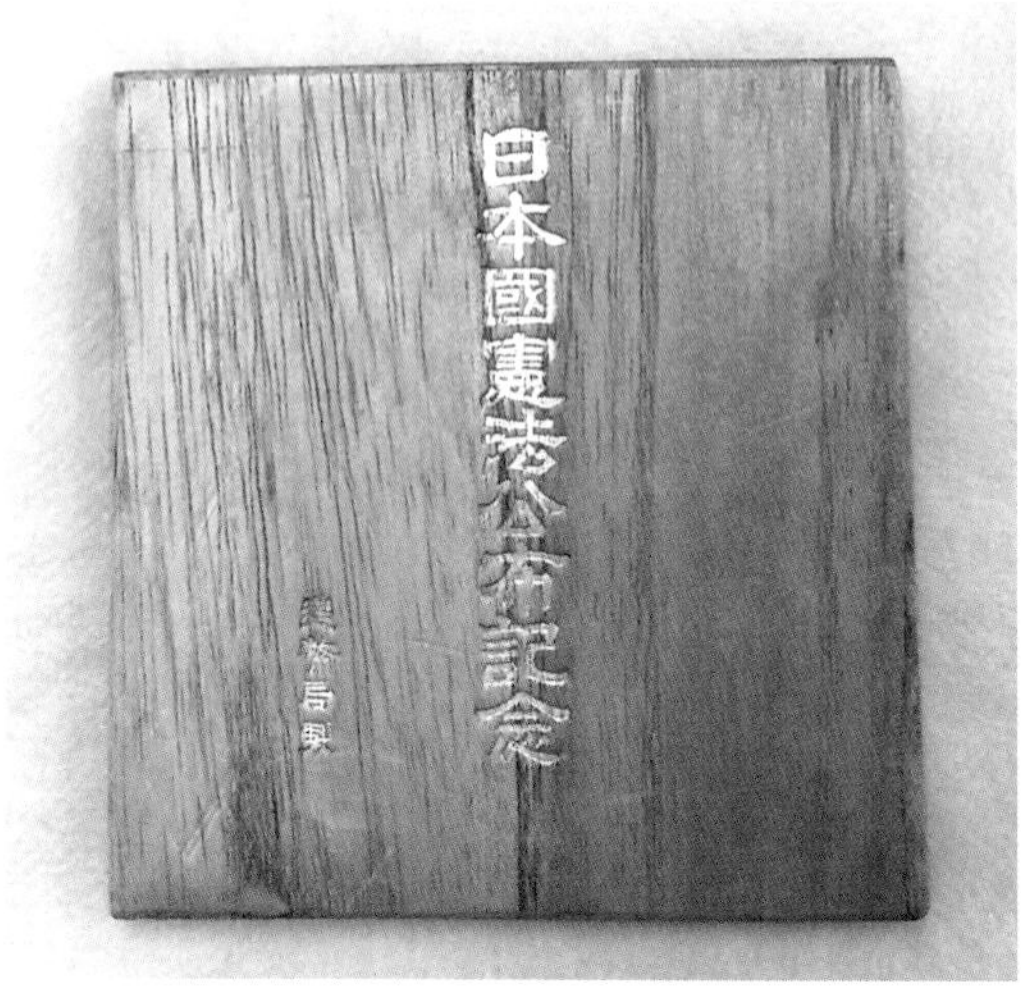

「日本國憲法公布記念」章牌　収納箱（造幣局製）

一　政府発行の公布記念品

1　「日本國憲法公布記念」章牌

日本国政府は、昭和二一（一九四六）年一一月三日の日本国憲法公布を記念する記念グッズを制作、配布した。これは一般にも販売された。かつて明治二二（一八八九）年二月一一日の大日本帝国憲法発布ではこうした国民向けのグッズは制作、配布されていないので、一般市民向けに記念品を制作するというこころみは国民主権の新憲法らしい新企画であった。記念品は四種類あり、いずれも造幣局で制作された。

一つめは、「日本國憲法公布記念」章牌である。これは、径五五ミリ、厚さ四ミリの円形をした青銅製の章牌である。[9]一面に「日本國憲法公布記念」とあり、朝日と国会議事堂を背景にした鶏の母鳥とひ

「日本國憲法公布記念」章牌　表面（上）・裏面（下）（造幣局製）

よこが描かれている（作者は宮島久七）。ひよこの右下隅に「造幣局製」とあるが、それ以外には製作者や発行者についての記載はない。他の一面には波模様を背景に芽吹きの苗木がえがかれ、一九四六と西暦で年代が表示されているが、昭和の年号は使われていない（作者は木田文雄）。「日本國憲法」は「昭和二一年」に公布されたと法文上でも明示されているのに「一九四六」と言いかえているあたりに当時の日米関係の空気が感じられる。GHQは、「日の丸」という国旗、「君が代」という国歌、そして「昭和」という年号の使用を禁じようとしていて、その気持ちを日本側も「忖度《そんたく》」していたのであろう。

これは縦八六ミリ、横八六ミリ、厚さ一九ミリの桐の木箱に納められた。木箱の表面には「日本國憲法公布記念」「造幣局製」という金文字が捺されている。造幣局の記録によれば、約一万個販売され、総販売額は二八万円とされている。このなかには国や自治体が買い上げて関係者に贈った物も相当あったと思われるが、一般に販売されたときは、これに実際の販売者の手数料や利益をくわえて売られたであろう。

この章牌の一面の図柄は鶏の母鳥とひよこであり、背景に国会議事堂と朝日がある。母鳥は議会制民主主義を教えるGHQでひよこは教わる日本を想像させる。もう一面もGHQの考えにそって新しい日本の芽生えを表現している。発行者が日本政府であることがどこにも記載されていない。つまり、まるで政府が作ったのではなく、主権者となった日本国民が自分たちの憲法の制定を喜んで自主的に制作したもののように演出されている。どうやらこれは日本政府の発案ではなく、GHQの強い指導、命令のもとに制作されたものだろうと推測される。それにしても母鳥とひよこの図柄を喜ばしいことと感じるあたりに、当時の日本政府関係者の挫折と反省、自信喪失の気持ちがすなおにでていると思われる。

2　「日本國憲法公布記念」メダル

二つめは「日本國憲法公布記念」メダルである。これは、径三七ミリ、厚さ二ミリの円形のメダルである。上部に吊り下げのための環がついている。材料は、造幣局の記録上は青銅とされているが、品質にはばらつきがある。表面は中央に議事堂がえがかれ、四周に農業、工業、水産業、文化産業をあらわすデザインがえがかれている（小柴利孝作）。裏面には「日本國憲法公布記念」「一九四六」「造幣局製」とあり、朝日を背景にして鳩がえがかれている（この二面のうちどちらが表面であるのかは分かりにくいが、ここでは制作者である造幣局の記録に従った）。経済の復興と文化国家の建設が訴えられていることになる。このメダルは、造幣局の記録では約二万三〇〇〇個販売され、総販売額は約三〇万円だった。[10]

これは、縦七〇ミリ、横五三ミリの包装紙でくるんで販売された。包装紙は紺の地色に横縞模様でくりかえし白鳩とめでたい瑞雲《ずいうん》がえがかれている。この包装紙にはNIPPON KOKU KENPO KOFU KINENという文字の地模様があり、その上に、「日本國憲法公布記念」「造幣局製」と金文字で縦に印刷されている。

すでに紹介した章牌は民主主義の夜明けをあらわしていたが、このメダルは、表面に農業、工業、水産業、文化産業を中心にした新社会、文化国家の建設が描かれ、裏面に平和主義の国家を象徴する鳩が描かれている。章牌と同じように、発行者である日本国政府が明らかになっていないことや昭和という年号が入っていないこと、そしてなぜか包装紙にローマ字表記があることなど、ここにもGHQの強い指導がう

「日本國憲法公布記念」メダル　表面（上）・裏面（下）（造幣局製）

「日本國憲法公布記念」メダル　包装紙（造幣局製）

かがわれる。

「日本國憲法」を「にほんこくけんぽう」と読むのか、「にっぽんこくけんぽう」と読むのかは憲法制定議会の当時から問題になっていたことであり、戦前の栄光を忘れられない保守派の人々は元気のよい「にっぽんこく」を好み、戦前との断絶と戦後の新出発を願う革新派の人々はやわらかい「にほんこく」を好んだ。政府は、憲法審議の帝国議会で読み方はどちらでもよいという答弁をしていたが、昭和天皇は「にっぽんこくけんぽう」と読み、平成天皇は「にほんこくけんぽう」と読んだ。このメダルの包装紙上の表記は「NIPPON KOKU」でその後も切手などは「NIPPON」である。なるほど、ローマ字にするメリットはここにあったのだと日本政府の巧妙な細工に感心する。なお「日本国」を「NIPPON KOKU」と分かち書きにしたのは他に例のない珍しい表記であり、「公布」が「KOHU」ではなく「KOFU」であることも含めて、図案家の好みがそのまま残ったように思える。

3 「日本國憲法公布記念」ブローチ

三つめは「日本國憲法公布記念」ブローチである。これは、四五ミリ×三五ミリの丹銅製、七宝細工入りのブローチである。表面には二羽の鳩が描かれている（辻蘒介作）。もちろん、これは平和主義をあらわしている。二羽の鳩の羽の色の組み合わせはさまざまで、赤色と白色の組み合わせ、緑色と白色の組み合わせ、紺色と白色の組み合わせの三パターンが確認されている。ブローチには発行の趣旨も、発行者名も記されていない。わずかに裏面の中央下部に造幣局の製造であることを示す小さな刻印があるだけである。

造幣局の記録によれば、約一一万個販売され、総販売額は約三一万円だった。これは縦七七ミリ、横六三ミリ、厚さ一八ミリの桐の木箱におさめられて販売された。箱の表面に「日本國憲法公布記念」「造幣局製」との記載があるが、一度この外箱からはなれるとブローチが日本国憲法公布記念のものであることがわからなくなってしまう。

このブローチは、次に紹介する帯留めとともに、アクセサリーとしてもっぱら女性向けに制作されたものである。男女同権は主権在民、平和主義と並ぶ日本国憲法第三の柱といわれることもあったし、すでに前年の衆議院議員選挙法改正で女性の選挙権、被選挙権は実現されていて、実際にこの年四月の総選挙で三九名の女性衆議院議員が誕生し、日本国憲法についての審議と議決に加わっている。そういう時代の風が吹いていたからであろうか、政府が女性むけの記念品を制作、販売するのは前例のない革新的な企画であった。ただし、これに対応する男性用品は制作、販売されていない。男女平等といっても、男女が平等に「相互の協力により」社会的責任、家庭的責任を果たす「男女共同参画」のイメージにはまだまだ距離がある。

４　「日本國憲法公布記念」帯留

四つめは「日本國憲法公布記念」帯留である。これは、ブローチと同じ丹銅、七宝細工、表面に二羽の鳩の図柄でできているもので、大きさもデザインも同じである。違いは、裏面にブローチには安全ピンがつき、帯留めには帯紐を通す環がついているという点だけである。これは、造幣局の記録では約二〇〇〇

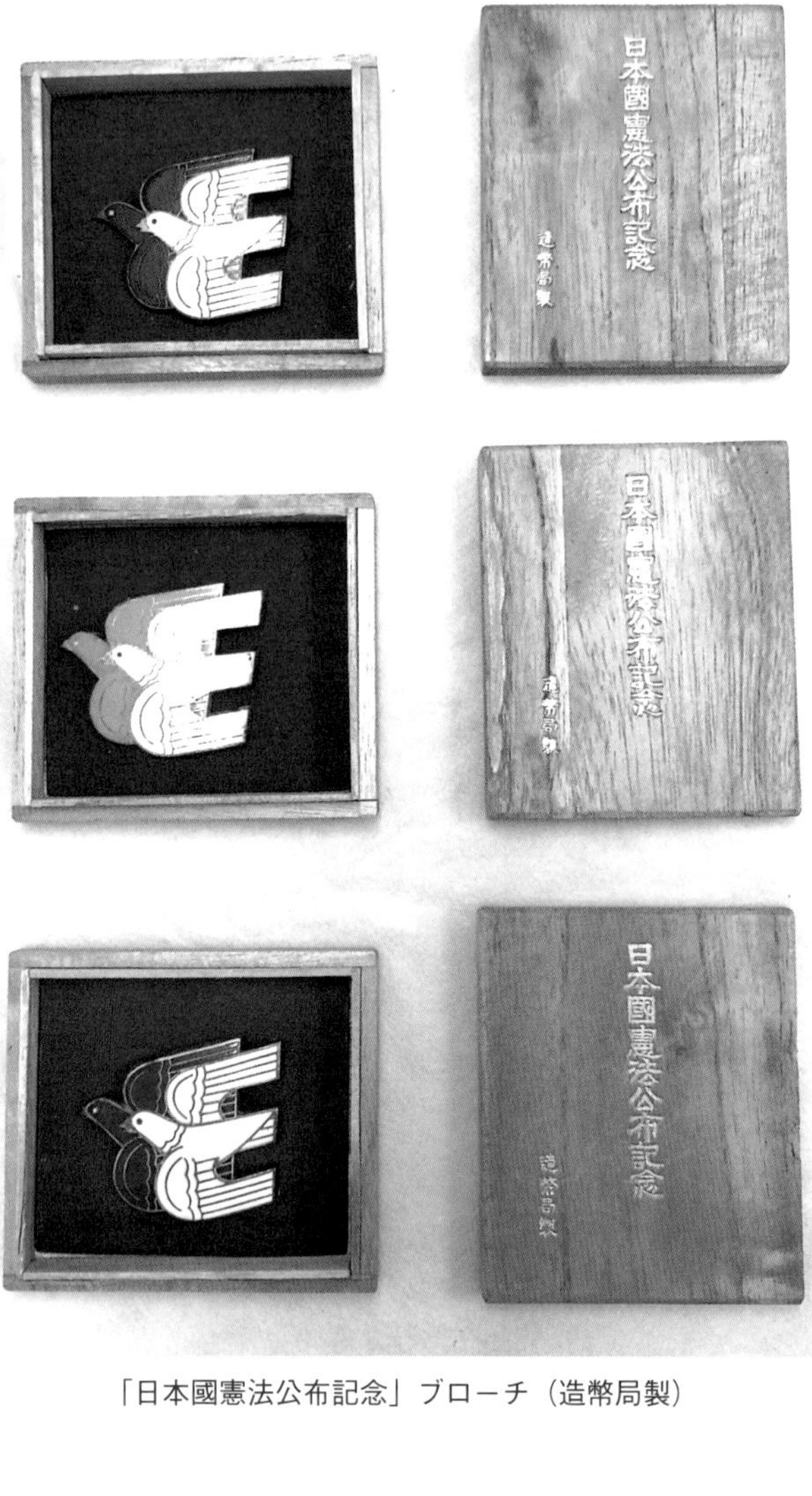

「日本國憲法公布記念」ブローチ（造幣局製）

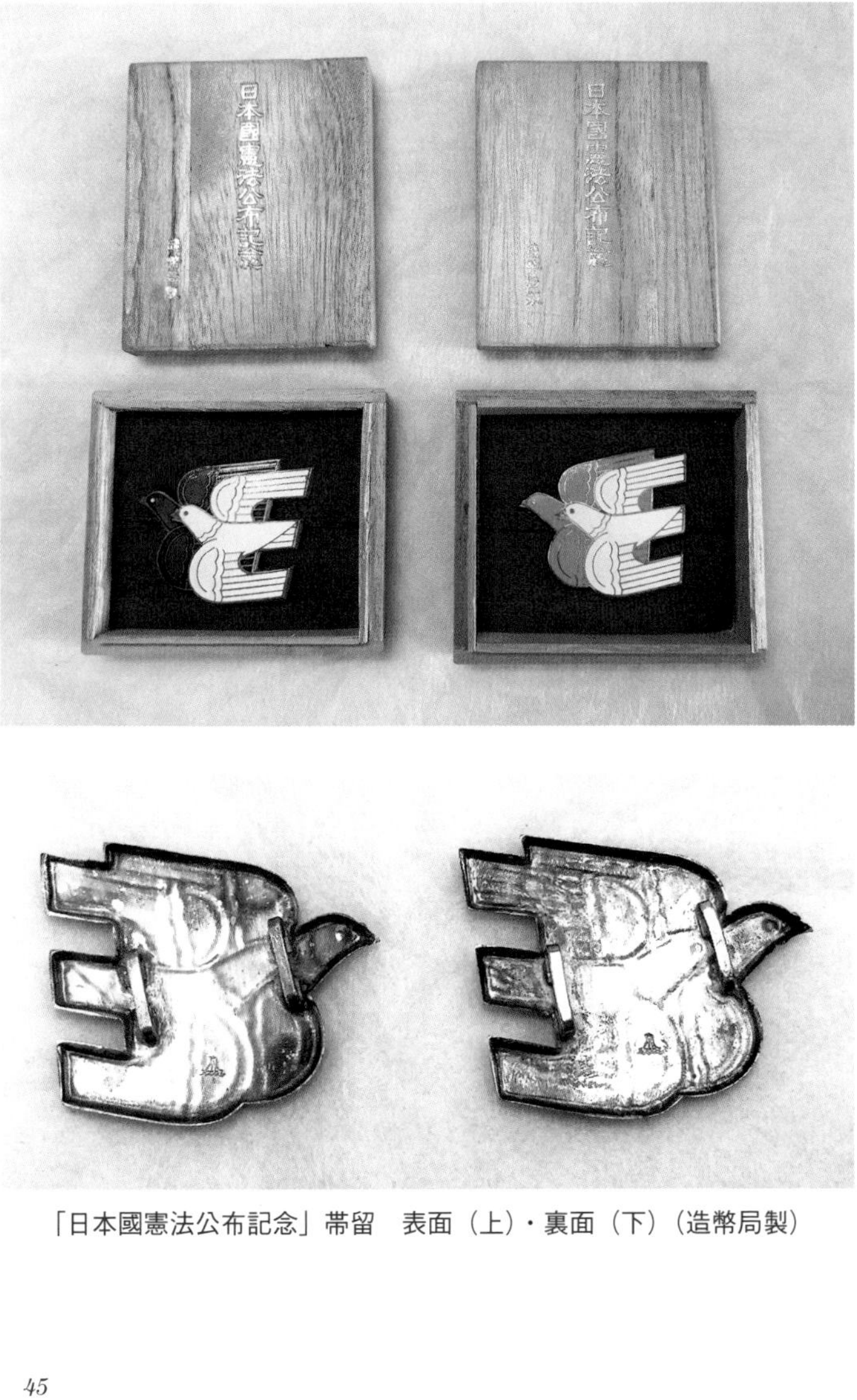

「日本國憲法公布記念」帯留　表面（上）・裏面（下）（造幣局製）

個あまりが販売され、総販売額は約六万円であった。なお、この帯留めの現存品はとくに少なく、私は、赤色と白色の鳩が組み合わされているものと緑色と白色の鳩のものしか確認できていない。制作個数が少ないことからすると、これだけしか作られなかったのだろうか。そうではなく、紺色と白色の鳩の個体を私が発見できなかっただけのことであろうか。

日本国憲法が制定されたときのニュース映画の映像や新聞、雑誌類の写真を見ると、まだまだ和服姿の女性が多く登場している。日本国憲法の平和主義を意味する帯留めを制作したあたりにも、当時ならではの時代の空気が感じられる。

以上が日本政府の制作した記念グッズである。このほかに、逓信省の管轄で、記念切手やはがきが発行されているが、それについてはのちに扱おう。これらの記念グッズを全体としてみてみると、政府が考えていた日本国憲法の基本原則は、①GHQに指導される議会制民主主義、②産業復興と文化国家の建設、③戦争放棄と平和主義であることが分かる。他方で、基本的人権に対する理解は不十分だし、地方自治の無視がめだっている。女性向けの帯留めが制作されており、女性が尊重されているように見えるが、女性の権利の尊重や社会的な活躍の期待がデザインされているものではない。

二　匿名にされた天皇からの記念品

1　新憲法公布記念の「菊御紋章付銀杯」

日本国憲法の制定経過でいまひとつ明らかになっていないのは昭和天皇のかかわりである。当時法制局次長や長官であった入江俊郎によると、天皇は昭和二一年二月二二日の閣議で内閣がＧＨＱ草案の基本的な受諾をきめたあとに幣原喜重郎首相からそのむねの報告をうけてこの草案にそった改正を了承し、具体的な内容については三月五日の政府案の閣議決定のあとに幣原首相から内奏をうけて承認している。ただ、主権在民と天皇制の関係が幣原からどう説明されたのかはあきらかでない。その後の天皇の言動からすると「君民共治で立憲君主制に近い改正でございます」と説明されたと推測されるが、たしかな史料が公にならないので判断はさし控える。

昭和二一年一一月三日には、午前一一時から帝国議会貴族院議場でおこなわれた日本国憲法公布記念式典につづいて、同じ出席者で、内閣総理大臣官舎に席をかえて日本国憲法公布祝賀会が立食形式でおこなわれた。この席で「日本國憲法公布記念」の「菊御紋章付銀杯」が記念品として出席者に配布された。ただ、この日に配られたのは目録だけで、実物は後日に配布されている。

この銀杯は径一〇五ミリであり、表面には、皇室の紋章である一六花弁の菊花が金色に描かれている。裏面の縁には、「日本國憲法公布記念」「昭和二十一年十一月三日」と刻まれている。西暦表示がない。この銀杯は、形式的には政府が閣議で決定して制作したことになっているが、実際は天皇からの「御下賜」の品物であり、できる限りそれらしく見えるように工夫されている。なお、高台の内側に「造幣局謹製」という刻印がある。政府の制作した通常の記念品であれば「造幣局製」であるから、これが宮中に関連する特別のものとして制作されたことがわかる。

銀杯は、白色の絹布に包まれ、縦横一三〇ミリの桐の木箱に収納されていて、表面には金文字で「日本國憲法公布記念」「銀杯」とある。どこにもそれが天皇から与えられたものであることを示す記載はない。その時までの天皇制の感覚からすると、大日本帝国憲法では主権者であった天皇が憲法改正を認めて新憲法を「発布」した記念品であるのに、「発布記念」とも「御下賜」とも刻むことができなかったのは不本意であったことだろう。天皇をめぐる憲法体験は屈折している。

2　新憲法公布記念の「朱塗木杯」

なお、その後に、日本国憲法制定にかかわった公務員には木製の朱杯が配布された。表裏両面が赤漆で塗られたもので、表面の中央に菊花の模様がありその中央に「憲」の文字がデザイン化して描かれている。この菊花の模様も、皇室の正規の「御紋章」とされている。裏面の縁には、「日本國憲法公布記念」「昭和二十一年十一月三日」と金文字で書かれている。黄色の綿布に包まれて、縦横一二三ミリの木箱に収納されている。箱は無地で、何も書かれていない。木杯なので造幣局製ではなくて、底箱の内側に「白木屋謹製」と朱色で捺されているのでこのデパートが制作、納入したものであろう。この木杯の制作、配布についての資料も乏しいが、国立公文書館にある閣議の記録を見ると、内閣書記官長から宮内次官宛に御紋章使用の承諾を求める書類がある。また、議会史の著作に一言だけだが職員に配布したと書かれている。

「日本國憲法公布記念 銀杯」及び「朱塗木杯」(内閣発行)

三　自治体発行の公共交通機関記念切符

1　東京都と横浜市の公布記念乗車券

日本国憲法の公布を記念して、東京都、横浜市、神戸市、札幌市の都市交通局で記念乗車券が発行された。東京都交通局では、記念の「日本國憲法公布記念電車往復乗車券」（八拾錢）六〇万枚と「日本國憲法公布記念乗合自動車乗車券」（四拾錢）三〇万枚が発行された。有料切符であるが、公布記念の都民祝賀会に招待された都民一五万人には無料で配られた（実際に参加したのは一〇万人か）。図柄は鳩と国会議事堂（当時は帝國議会議事堂）であるが、次の横浜市の場合とことなって、そこにアメリカ・ニューヨーク市にある自由の女神像の図がくわえられている。

この切符は主として都民祝賀会への動員用につくられたものであるが、都電の切符が往復乗車券で、バスの切符が片道の乗車券である理由は想像できない。バスで参加した都民は、帰路は歩いて帰れということでもないだろうから、一人当たり二枚を配布したのであろうか。

横浜市交通局からも、「日本國憲法公布記念電車自動車共通乗車券」（三十錢）が売り出された。これは昭和二一年一一月五日までしか通用しない期間限定的な乗車券であった。なお、横浜市では東京都の記念切符と同じ原画をもちいて切符にしたが、自由の女神は加筆されていない。東京都の切符と並べてみると、間違い探しの出題を見ているような不思議な気持ちになる。

記念乗車券の図柄のこうした奇妙な改変にはＧＨＱの意向がかかわっている。もともと日本国憲法は主権在民と平和主義を二大原則とする憲法なので、記念乗車券では主権在民の帝国議会議事堂と平和主義の鳩をえがくという基本イメージができて、東京都と横浜市はこれを図案化するとともに図面の上部に菊花を散らした。菊花はもちろん皇室のシンボルであり、これをえがくことで象徴天皇への崇敬もあらわしたようだが、よく見ると菊花は皇室の紋章ではなく自然の開花をえがいていて、ＧＨＱに問われれば単に公布日の季節感を取り入れただけですとの言い訳ができる。

ところが、この図柄の完成後に、東京都では、ＧＨＱ民政局の関係者から基本的人権尊重主義をあらわす要素がデザインに含まれていないというクレームがつき、これを加えるように命令された。だが、当時の日本人は基本的人権についてほとんどなにも知らないから適切なイメージのデザインが思い浮かばない。せっぱつまったのであろうし、また、ＧＨＱ関係者からの強い示唆もあったことであろう。元来の図柄にあとから自由の女神像が加えられたようである。だが、どう表現すればよいのかが分からなかったのであろう。帝国議会議事堂の上に自由の女神像が乗っているというどこかのパチンコ店かラブホテルのような意匠の奇妙な図像になり、記念乗車券の美術的なデザインは破壊されてしまった。一方横浜市の場合はＧＨＱの干渉もなく平穏無事に元来の図柄のままで制作されたので、逆に東京都における強い干渉が浮き彫りになるという皮肉な結果になっている。作家の佐多稲子は、翌年の初めになってからだが、「私はこの模様を今までにも度々見たやうにおもふ。平和の女神が神武天皇に、鳩が金鵄にとつて代つてゐる、といふことは、内容そのものが代つてゐることを現してゐるのには相違ないが、何とその全體の印象はいつか

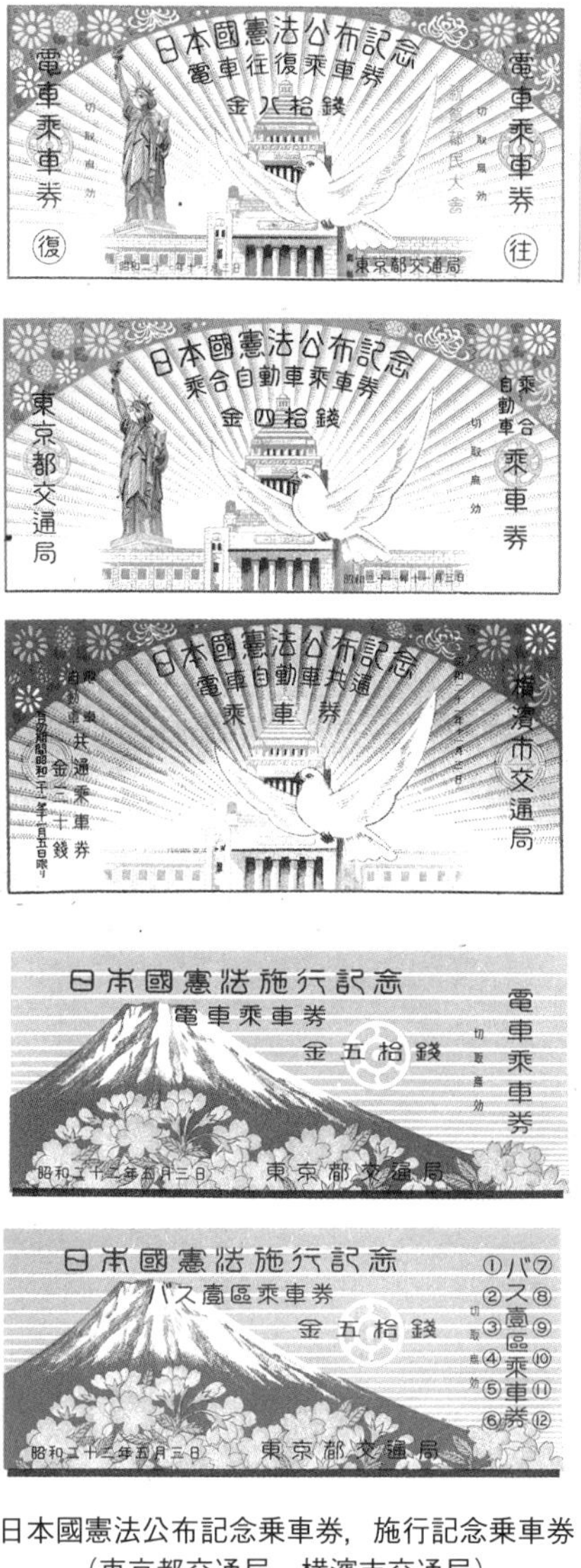

日本國憲法公布記念乗車券，施行記念乗車券
（東京都交通局，横濱市交通局）

神戸市，札幌市，京都市の記念乗車券

ら變つてゐないのであらう。……歴史的な憲法の改正が、その成立のいきさつに於て、何か、この單に金鵄を鳩におき代えた形式的な記念切符の印象に通じるものをおもふのである。[11]」と、微妙な違和感を書き残している。「歴史的な憲法の改正が、その成立のいきさつに於て」というのは、占領軍の検閲下での、GHQの干渉を匂わせるぎりぎりの表現であったのであろう。

この記念切符の件は実はGHQ内部の会議でも日本の内政への過剰な干渉ではないかと問題視された。それにたいして民政局のケーディス大佐は、昭和二一年一一月一〇日の会議で、自由の女神像は今や全世界でデモクラシーのシンボルになっており、これがあるからといってGHQが日本国憲法を押しつけたという印象を与えることはないからこれでよいのだと強弁している。だがほかのメンバーはこうした強弁にうんざりしたようであり、この会議の記録は皮肉っぽく、ここに民政局による日本国憲法の「ストーリー」が示されていると書いている。

なお、東京都交通局は、翌年の施行記念でも「日本國憲法施行記念電車乗車券」(五拾錢)と「バス壹區乗車券」を発行した。図柄は、桜と富士山で日本の自然しか表現されていない。もはや主権在民も平和主義もない。どこが憲法施行記念なのかさっぱりわからない、やる気のなさが目立つ記念切符で、公布記念切符で無惨な改変を強いられた東京都の職員の屈折した気持ちがあらわされているように思える。

2　神戸市の発布記念乗車券

神戸市交通局は、鳩と国会議事堂に市章や電車なども加えた独自のデザインの「憲法発布記念電車自動車特別乗車券」（三十銭）を発行した。図像の背景には、海から見た神戸市の市街と六甲山の山並みが描かれている。この神戸市だけが地方色をうちだしていて、自治体としての自主性と誇りが感じられる。なお、「発布」はタブー語で「公布」であるべきであることは知らなかったのか、知っていたのにとぼけて知らなかった振りをしたのかはわからない。

3　札幌市の発布記念乗車券と施行記念乗車券

札幌市交通事業所は、図柄が花電車の細長い「新憲法發布記念乗車券」（三〇銭）を発行した。ここでもタブーは知られていなかったようで「發布」であり、自由に伸び伸びと記念乗車券を制作している。ただ、その結果が国家的な祝祭行事につきものだった花電車の古くさいデザインになってしまった。図像に国民主権も、議会政治も、平和もあらわされていないし、「發布」もけしからんと北海道駐屯の占領軍に叱られたのだろうか。まるでお詫びのように、昭和二二年五月三日に、「新憲法施行記念」の「電車自動車片道乗車券」（四拾銭）が発行されている。今度は、主権在民の国会議事堂と平和の鳩で背景に桜の花という無難な標準型のデザインになっている。他の横浜市、神戸市、京都市などは、記念乗車券の発行は公布記念か施行記念かの一度限りであったから二度も出した札幌市は突出している。

4　京都市の施行記念乗車券

京都市電気局は、昭和二二年五月三日から五月一〇日まで通用する「新憲法施行記念電車乗車券」（四拾銭）を発行した。京都市の場合は前年の「公布」記念日に記念乗車券の発行をしていなかったので、半年遅れの発行ということになる。図柄は定番の鳩と国会議事堂に桜の花で、横浜市の公布記念乗車券の背景にあった菊の花を桜の花に変えただけの、標準的なデザインの切符である。

これが地方都市の記念乗車券発行の状況である。「日本國憲法公布記念」「憲法発布記念」「新憲法發布記念」「日本國憲法施行記念」「新憲法施行記念」とバラバラであるところが地方の戸惑いをあらわしているし、東京都のエピソードを思えば、ここにもＧＨＱ民政局の強力な干渉が働いていることが分かる。

四　民間で制作された記念品

1　憲法公布記念のバックル

本章のおまけは公布記念の奇妙なバックルである。縦三五ミリ、横四七ミリの黄銅製のもので、制作者、発行者は不明である。表面に、「憲法公布記念」と書かれており、「21.11.3.」と昭和の文字はないがその年号での年の表記がされている。そして、表面の中央に径二三ミリの赤銅色の円盤がはめこまれており、そこに図柄として鳳凰と菊花、それに機関車の動輪がえがかれている。蒸気機関車の動輪がデザインされているので、当時の国鉄関係で制作されたものではないかと推測されるが、「鳳凰と菊花」は天皇制のシンボルであるから、主権在民の日本国憲法の記念品としてはいかがなものであろうか。昭和の元号表記にもこだわっており、何とも大胆な保守派の作品である。ＧＨＱに見つかれば厳しく叱られたことだろう。

「憲法公布記念」バックル（制作者不明）

「日本國憲法施行記念」メダル（憲法普及會富山縣支部作）

2 「日本國憲法施行記念」のメダル

もう一つのおまけは、憲法施行記念のメダルである。日本国憲法は公布の翌年、昭和二二年五月三日に施行されたが、この日には、もはや政府が記念グッズを制作、配布する熱意はなかった。だが、民間ではそういう企画があった。「憲法普及會富山縣支部」が制作したメダルはその一例である。これは鉄製で径三二ミリの円形で、吊り下げ用の環がついている。表面には富山県だから北アルプスであろうか、山脈と瑞雲を背景にして国会議事堂がえがかれていて、桜花が裾模様になっている。国会議事堂は高層ビルディングのような奇妙な形だが、議事堂竣工後まだ日が浅かったのだからこうした誤解もやむをえまい。裏面には、政府が発行した「日本國憲法公布記念章牌」と同じように、芽吹きの苗木がえがかれており、上部に「日本國憲法施行記念」、下部に「憲法普及會富山縣支部」とある。中央には「1947.5.3」とあり、昭和の元号は依然としてさけられている。

第三章　昭和天皇の「日本國憲法」

昭和天皇は、大日本帝国憲法では主権者であり、憲法改正の権限ももちろんそこにあった。そうであれば、憲法の抜本的な改正である日本国憲法の制定についても、さまざまな意見や希望があり、改正手続きにもかかわっていたはずである。だが、当時のマスコミの報道はそこにふれず、主権者である天皇の意思、意向はあきらかになっていない。ここでは、昭和二一年一一月三日の憲法公布の日を中心に、昭和天皇にとっての日本国憲法を追跡してみよう。

一　新憲法「発布」の日・昭和天皇の一日

新憲法の公布の日は改正作業のクライマックスであり、日本政府はそれを昭和二一年一一月三日、明治天皇の誕生日「明治節」の祝日にしようとした。だが、新憲法を国民主権で日本国民の代表者が制定したとしたいGHQは祝賀の行事と天皇との結びつきを極力排除したがっていたので、「明治節」に憲法発布では反対されるであろうと心配された。そこで政府は、まず憲法施行の日を昭和二二年五月三日と定めて

大日本帝國憲法発布記念褒章（上・箱，下・左より銀章，金章）

GHQの承認を得てから、公布日は施行日の半年前であるとして一一月三日にした。この日本政府の策略に激怒したマッカーサーは、一一月三日を国民主権一色に塗りつぶすことを命じたと伝えられている。

このGHQの怒りに震えあがった政府は、この日に天皇が新憲法を「發布」して、政府に「公布せしめる」事実は黙殺して、この日を「公布」の日とした。それも公布という事実を記念して祝賀することに終始して、だれが公布を命じてだれが公布したのかもあいまいになるように処理した。その隠ぺい工作の効果は今日まで続いているので、もし、「日本国憲法はいつ、どこで、だれによって公布されましたか」と聞かれたら、多くの国民が「わかりません」と答え、あるいは「五月三日の憲法記念日です」と答え、わずかな数の物知りは、「昭和二一年一一月三日、帝国議会貴族院議事堂で昭和天皇が公布しました」と答えるであろう。正しく「昭和二一年一一月三日、午前一一時前に、天皇の命令を受けて、政府（大蔵省印刷局）の車が官報号外版を配達するために役所の門を出て、その官報が販売所に並べられた時です」と答えられる人はごく稀であろう。なぜ、こんなことになってしまったのだろうか。

もともと大日本帝国憲法は明治一九年の「公文式《こうぶんしき》」第一条「法律勅令ハ上諭ヲ以テ之ヲ公布ス」、同第一〇条「凡ソ法律命令ハ官報ヲ以テ布告シ……」に基づいて公布され、その後、憲法改正の手続きは、明治四〇年勅令第六号「公式令」の第三条で「帝國憲法ノ改正ハ上諭ヲ附シテ之ヲ公布ス」と定められていた。そこで天皇は、昭和二一年一一月三日午前八時五〇分に宮中三殿（賢所、皇霊殿、神殿）で臨時大祭を親しく行い、神武天皇以来の皇祖皇宗に憲法改正を報告する「告文」を読みあげた。その場には内閣総理大臣、貴衆両院議長らも列席した。

ついで午前一〇時に宮中では「發布式」が簡素に行われ、内閣総理大臣にたいして、「上諭」をつけた改正憲法の原本をわたして公布を命じた。もっとも、「上諭」の案文は事前に内閣が作成したものであり、官報号外号はすでに事前に印刷されていたから、新聞社の号外のように印刷されたばかりでまだ湯気が出ているものをひったくって大急ぎで配達にでるというようなものではなかった。

昭和天皇は、ついで午前一一時から帝國議会貴族院議場で開かれた「公布記念式典」に出席して「勅語」を読み上げてそれを下げ渡した。この場では、「日本國憲法」を下げ渡したのではなく、「勅語」を下げ渡したのである。午前一〇時からの宮中での發布式での「上諭」は「ここにこれを公布せしめる」と現在形であり、午前一一時からの帝國議会での「勅語」は「本日、日本國憲法を公布せしめた」とわずか一時間経過しただけだがすでに過去形である。

細かく言うと、日本国憲法は、昭和二一年一一月三日の午前一〇時に宮中で「發布」されたものであって、同日午前一一時に帝國議会議事堂で「公布」されたものではない。法律的には、「公布」は、日本国憲法を登載した官報が大蔵省印刷局の門を出て販売所で並べられた時である。

政府が「黙殺」したのはこの「發布」である。宮中での「發布」という事実は報道ではほとんど無視され、「發布」という言葉そのものも禁句になり、新聞報道も「公布」一色になった。だが、主権者は重要な法令を「發布」するのであり、政府に「公布」を命じる。そして政府においては、具体的には官報を発行している大蔵省印刷局に命じてこれを「公布」させる。だから、祝われるべきなのは主権者、天皇の「發布」という行為であり、そうではなくて「公布」を祝うというのは、法律の理屈からすると、官報で

「公布」した官庁を祝う日になってしまう。これが法律学の基本常識であり、この点をうやむやに説明してしまう政府と大報道機関の共謀は、法律学の常識に反している。だから、このすり替えは短時間では必ずしも全国的には理解されなかった。地方では、あるいは国民レベルでは、「公布」ではなく天皇による「發布」を祝う行事があちこちでおこなわれた。その一例として、大阪府守口市での「發布」記念の仮装行列を紹介しておこう。

なお、ここで「公布」の法形式について一言しておこう。政府による「公布」という行為を支えるのは「公式令」であるが、これは天皇を主権者とする立憲君主制の色彩が濃い勅令であり、日本国憲法の制定にともなって廃止されることとなっていた。政府は、帝国議会での憲法審議に平行して、内閣法制局を中心にこの「公式令」の廃止と「法令公布の形式及び手続に関する法律」の制定を検討して、「公式法」案、それを修正した政令「公文法式」案を決め、GHQとの折衝に入ったが、天皇のかかわりが濃いとして不許可とされ、「公文方式法」案として粘ったが打開できず、結局、新法がないままに昭和二二

「日本國憲法發布記念仮装行列」
（大阪・守口市）（提供朝日新聞社）

年五月二日に新憲法体制への移行の際に「公式令」が廃止され、その後は、「公布」手続法は存在しないままに暫定的に廃止された旧法の運用が継続される事態となった(12)。

二 「御下賜品」と言えなかった「菊御紋章付銀杯」

1 憲法発布記念の「御下賜」の品

大日本帝国憲法制定時の先例にならえば、新憲法の制定にあたって、昭和天皇も、帝国憲法の改正、新憲法の制定に功績のあった者に褒章を下賜するべきであった(帝国憲法発布時の褒章は六〇頁参照)。だが、主権者天皇のイメージが新憲法に残存することを警戒したGHQは、それを許すはずがない。こういう事情のもとであったので、政府は閣議にはかって、実質的には天皇が下賜する銀杯(四九頁参照)を、政府が公布祝賀会の引き出物を用意するような形にして制作した。

当時は占領下のことなので貴金属や絹糸、絹布はGHQの管理下にあり、政府は一〇月二一日に金材六〇〇グラム、銀材二五五キログラム、絹布四五九ヤール、絹糸二五〇ヤール(生糸換算六キログラム)の使用について、政府が制作、配布する銀杯用としてGHQの許可を申請して認められている。正直に天皇が下賜するものと言えば不許可になって計画が破綻するのは目に見えていたので、政府としては苦肉の策であった。

許可申請の日付も面白い。一〇月二一日に申請しており、許可を得てから材料を確保して銀杯にするには日数が足りない。そして、ＧＨＱが許可したのは一〇月三〇日、公布式典の四日前である。祝賀会当日までに制作することは到底できなかったので、当日に配布されたのは目録だけで、銀杯そのものは後日に贈られた。これも悪くない策略である。公布の日に銀杯そのものを配ればもらった者が取りだしたり、周囲の者に見せたりするのでとても目立ち、マスコミが気づいて大きく報道されるであろう。そうなるとこの日を国民主権一色にせよと命じたマッカーサーの意向に反することになって政府のカモフラージュが怒りを買うので、目立たぬように制作を遅らせて当日は目録だけを贈っておいて、もう誰も注目しなくなったころを見計らって銀杯を届ける。官僚らしい小細工である。

この怪しげな銀杯については、政府は沈黙し、実際に制作した造幣局の歴史にも記録はまったく残されていない。日本国憲法制定記念品はすべてきちんと記録されているのに、この銀杯だけ記録がないのである。なおこの分量の銀材は一個一七〇グラムの銀杯一五〇〇個分としてＧＨＱに申請して許可されたのだが、実際には一個九五グラムである。量目不足が不思議である。また、私の手元にある数個の銀杯の質感や色合いが微妙におかしいので、あるとき専門家に鑑定を依頼したところ、これは不純物が多すぎて銀製品とはいえないまがいものだという判断が示された。銀杯一個の銀含有量は九五グラムにさえ及ばずさらに少ない。一個一七〇グラムのはずなのに、この差はどこに消えたのであろうか。表面中央にある金色の菊花の御紋章も、薄く吹きつけただけのもので、銀杯の汚れを落とそうとして少し磨くとすぐに削り取られて地色の銀色になってしまう。奇怪なことである。ＧＨＱに遠慮しながら制作された銀杯であるとはいえ、主権者であった天皇が下賜した銀杯が量目不足、混ぜ物が多すぎる贋銀杯だったという鑑定結果は敗戦国の混乱を示していて哀れであった。

2　ニューヨークに残る銀杯の物語

なお、この銀杯の行方については不思議なエピソードがある。憲法起草当時のGHQ民政局に、ベアテ・シロタという女性事務員がいた。このシロタの自伝の第五章「日本国憲法に『男女平等』を書く」の末尾はこう締めくくられている。「翌年の五月三日、憲法は施行された。その日は憲法記念日という祭日になった。それからしばらく経って、吉田茂首相から銀杯と、女性には特別に白の羽二重が一反贈られてきた。上等なシルクで、私は早速ブラウスに仕立てた。二五人全員に贈られた銀杯は、菊の紋が入っていた。なぜ日の丸ではなく、天皇家の紋なのかわからなかった。異物を呑み込んだような気持ちだった。銀杯は、今ニューヨークの我が家にある。夫のジョセフ・ゴードンのと私のとで二つ」。

この自伝は、奇妙な成り立ちである。普通、アメリカ人の自伝といえば、まず本人が英語で著述して、次にそれが日本語訳される。ところが、シロタの自伝では、まず、平成年間になってから日本で平岡磨紀子というライターが日本語で書き、アメリカにわたってシロタに英語で説明してチェックしてもらって成立したようである。そこで文章はとても分かりにくい。例えば憲法記念日の制定は昭和二三（一九四八）年七月、シロタの帰国後一年以上たってからのことであり、シロタの日本滞在中に「翌年の五月三日、憲法は施行された。その日は憲法記念日という祭日になった」というのは不可能である。また、敗戦後の日本では配給食糧が不足していたが、一人の裁判官が、法に基づいて人を裁く裁判官が違法な食物を口にすることはできないとしてヤミの食料を拒否して栄養失調で死亡するという痛ましい事故が起きていた。シロタの自伝は、日本滞在中にこの悲劇に心を痛めた様子が描かれているが、この裁判官は、私の中学、高校の同窓生の父親であり、事故は、シロタが帰国した昭和二二年五月の半年後、昭和二二年一〇月に起きている。シロタが滞日当時にこの事故の報道に心痛めたとすれば、シロタは未来に起きる事故の予知能力に秀でた超人となる。こういう軽率なミスがたくさんあり、それがシロタの自伝は実は後世になって平岡がイメージして書いた創作物であり、平岡の価値観や誤解がそのままシロタの記憶とされている事情を示している。これを自分の記憶として脳に上書きしたシロタも怖い。

だが、最も重大なのは、シロタが、吉田首相が憲法草案を作成した民政局の二五人に感謝のしるしとして銀杯を贈ったとしていることである。これは平岡の創作というよりシロタ自身の記憶に由来する記述と思われるが、ありえない話である。

まず、日本国憲法の草案を作成したのが民政局のメンバーだけであったという事実はＧＨＱの秘密であり、日本政府は知らない。知らないのに民政局の関係者二五人だけに憲法草案作成の苦労を感謝することはありえない。また、何かの事情でＧＨＱの民政局が関与していたと日本側に伝わったとしても、二五人という数として伝わるはずはない。なぜならば昭和二一年二月四日に起草委員ないし事務スタッフとして任命されたのは多く数えても二二名、二月一二日に完成した草案に署名したのは一八名であり、いずれも二五名ではない。二五名という説は同年六月末に起草者メモを書いた際のハッシーの数え間違えである。このハッシーメモの記憶違い以外には、関係者二五人説はない。残された文書史料にも二五人説を裏付けるものはない。

シロタについては、一九七〇年代にアメリカで、研究者のスーザン・ファーがインタビューを試みている。そしてファーは、当時すでにシロタの記憶があいまいになっていたと報告している。それからさらに二〇年後に、シロタの記憶はさらにあいまいの度を強めていたはずなのに若返り、驚くべきほどに鮮明に二五人説になっている。これを常識的に判断すれば、シロタは、後年に、日本のテレビ局から提供された誤情報、二五人説を自身の記憶に残る史実として脳裏に刻みこみ直したのであろう。記憶の書き直し、歴史における伝聞史料の危うさである。

シロタと同時期に民政局政党課に勤務し、ともに憲法草案を作成したハリー・エマスン・ワイルズはその著作『東京旋風』で「天皇から記念の勲章と特別な贈り物を貰った」と書いている。「勲章」というのは本書の第二章でも扱った公布記念メダルであろう。「特別な贈り物」は銀杯であろうか。贈り主は吉田首相なのか、天皇なのか。昭和二一年一一月三日の公布記念の銀杯を半年以上遅れで贈ったのか。まるで売れ残り品の処分ではないか。いずれにせよ、シロタもワイルズもあやふやなことを言っていて信頼できない。

念のために書いておくが、日本では、天皇であれ政府であれ、謝意を込めた記念品を贈る際には感謝状の紙、書類が発行される。東アジア諸国の行政は文書行政の文化であり、銀杯や絹布が与えられるとしてもそれは添え物、副賞である。シロタは肝心の書類の話はしていない。感謝状を貰ったとも言っていない。シロタは、そして実際の著者の平岡は、日本政府が感謝を表す際の作法を知らないし、この銀杯の残品を占領軍関係者に贈呈する際には、たとえ一人に対する一個の贈呈であっても、一々関係書類を起こして閣議で決定し、「閣議書」に綴じこんで残していることを知らない。国立公文書館で当時の「閣議書」を見ても、GHQ関係者への贈与の記録は何件かあるが、民政局関係者に贈呈したとする記録は存在しない。ただ、管理記録には、日付不詳で二五個が、またその後の昭和二二年五月一三日付で四〇個が、「GHQへ」とだけ記載されている。他の場合は、だれへのどういう理由の贈与であるのかを示す資料は閣議書に添付されているのに、この場合はその書類が存在しない。つまり、合計すると六五個が、だれに与えるのかも示されないままでGHQに持っていかれているのである。つまり、日本政府の側には、GHQに銀杯の合計六五個を渡したという記録はあるが、感謝の贈呈であることを示す文書記録はないのである。ふつうはこれを強要とか略奪という。時期からすると、前者の二五個のうちの一個がベアテのものとなり、民政局員ではなかった夫のジョセフには後者の四〇個のうちの一個が渡されたのだと思われる。いずれにせよ正式の贈呈の記録ではない。もちろん、閣議で承認された感謝状のひな型もない。当時は、絹布はGHQの統制物資で厳しく管理されていたので、その出し入れには書類が必要であったが、絹布を贈ったという記録はどこにもないし、その用途で政府がGHQの許可を得て絹布を調達したという記録もない。この銀杯と絹布を正規の贈り物とするのには無理があるのである。

つまり、シロタの自伝はどこもがおかしく、真実味に欠ける。自伝は、平成年間に、テレビ局がアメリカで取材したシロタへのインタビューをきっかけに、日本で日本人女性が書き、それをシロタが追認するという作業手順で成り立っている。そこには日本人ライターの誤解とシロタの記憶違いが重なっている。

アメリカにわたってGHQ関係者のインタビュー調査を行った高尾栄司[13]はこれをシロタの自己防衛的な嘘言癖とみているが、正確には、シロタはぼやけた記憶を日本から伝えられた自伝の内容に沿って上書きしてしまったのだと思う。人間の記憶は簡単に書き換えられる。シロタは若いころから記憶をその時の自分に都合がよいように書き換える傾向があり、クルクル変わる記憶はどれもが常に、その時のシロタには真実である。シロタ本人に虚言、偽史の自覚はないから発言に力がこもり信頼性が増す。記憶の書換えは古老からの伝承を歴史史料として活用するときにはいつでも警戒するべきポイントであるが、さて、シロタの証言について、研究者はこの点でチェックしたのだろうか。

天皇の下賜した銀杯がアメリカ、ニューヨークのシロタ・ゴードン邸に二個あったというのは多くの日本人が見ているので事実であろうから、それが入手された経緯は想像するより仕方がない。思うに、これは民政局側の誰か、例えばハッシーあたりがどこかで銀杯の件を聞きつけて、民政局によこせと日本政府に要求して、日本側は意味もわからないままに貢物にしたのであろう。あるいは区切りよく二ダース、二四個よこせという要求だったのであろうか。こういうイレギュラーな引渡しに便乗して、間にたった通訳か係官が一個、自分か自分の関係者用に水増しして二五個にした気配も感じられる。いずれにせよ、この戦利品を局内で子分たちに配布して、天皇からとか吉田首相からの感謝の印だとしたのは驕り昂る占領権力者の下品なジョークであろう。

一点気になるのは、天皇の下賜した銀杯に菊の紋章があることにシロタが「異物を呑み込んだような気持ちだった」と感じていることである。GHQが組織として作った象徴天皇制の憲法に不快感を示していることになり、末端の職員としてはずいぶん不遜な考え方である。天皇の印がそんなに嫌だったのならば、受領を拒否するか、アメリカに帰国する際に捨ててゆけばよかったのであって、ニューヨークの自宅で戦利品のようにいつまでも飾ることはなかろうに、と思う。

三　「新憲法發布記念・皇室の御寫眞」

もう一つ、天皇と憲法のかかわりで不思議なものが存在している。「新憲法發布記念・皇室の御寫眞」と題された数枚の写真である。ここには天皇と皇后の平和で平穏な日常生活を写した、皇居内の居室で二人が各々椅子に座って新聞を読んでいる写真と、屋外のテラスで雑誌を前に置いて二人で話している写真があり、また、食堂で天皇一家が食卓に座っている写真と、皇居内の庭園を一家が散歩している写真がある。このほかに、日本国憲法公布の日に東京の日比谷公園で行われた公布記念の都民祝賀会に天皇が出席した際とされる写真があり、この数枚の写真がたしかに「新憲法發布記念」のセットであることが分かる。

これらの写真は、「日本カメラ博物館」の調査で、写真通信社のサン・ニュース・フォトス社（代表・山端祥玉）(14)が宮内省の嘱託で昭和二〇（一九四五）年一二月二三日などにカメラマン四人で撮影した二〇〇カットの皇室写真の一部等であることが判明した。この時の写真はアメリカのグラフ週刊誌"LIFE"の一九四六年二月四日号に掲載され、また憲法公布一〇〇日後の昭和二二年二月一一日に日本で出版された単行書『天皇』(15)でも採用されて、昭和天皇がおだやかな学者の家庭人であるとする宮内省シナリオによるキャ

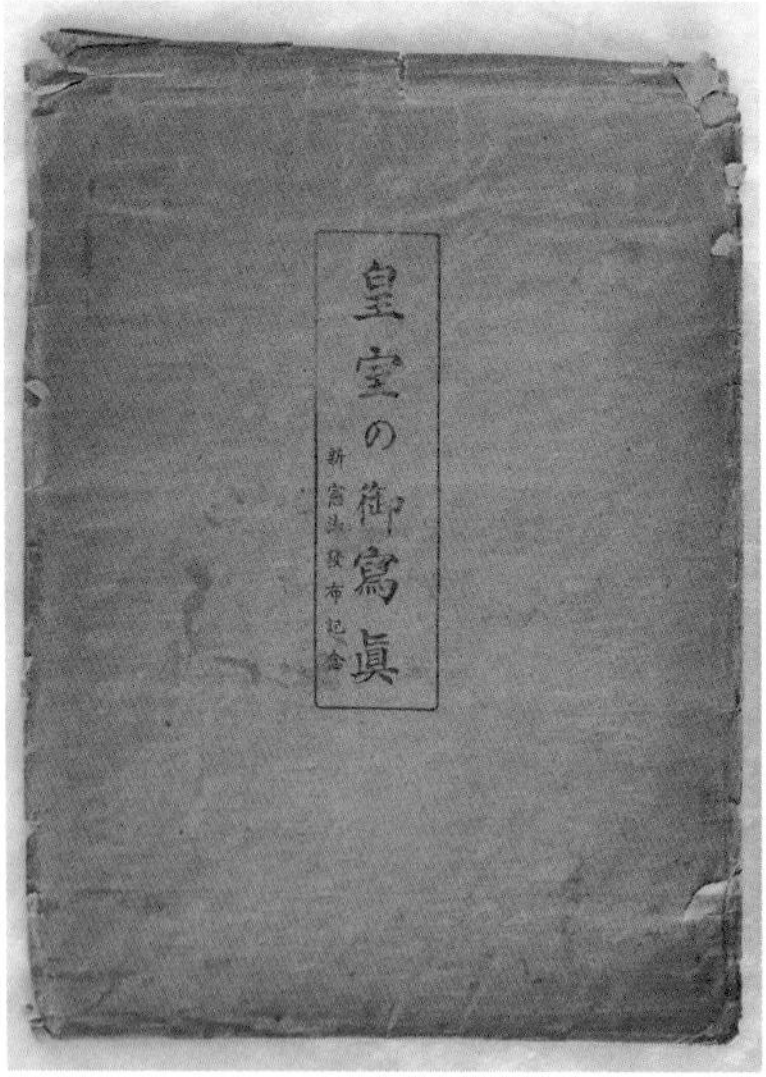

『新憲法發布記念・皇室の御寫眞』

『新憲法發布記念・皇室の御寫眞』（皇室の朝食風景）

『新憲法發布記念・皇室の御寫眞』（皇族一家の散歩風景）

『新憲法發布記念・皇室の御寫眞』（新聞雑誌を読む天皇と皇后）

ンペーンに使われたが、ここでは、粗略な茶色の封筒に入れられており、表面に「皇室の御寫眞　新憲法發布記念」とゴム印で捺されたような表題があるほかは、発行者などについていっさいの説明がない。封筒では新憲法「公布」がＧＨＱ禁句の新憲法「發布」ということばになっている。天皇のイメージ・アップに用意された、ごく少数の範囲に配布された試作品で、これが好評で、翌年の『天皇』出版につながったものであろうか。いずれにせよ、これはネガ・フィルムを管理していた宮内省の許可を得て、「御写真取扱要綱」(16)に基づいて「發賣頒布」用に原画の「貸下」を受けた者が制作したであろう謎めいた写真セットである。

この写真にも、いろいろと物悲しいエピソードがついている。天皇一家が食卓を囲む写真撮影が一二月二三日であったのは、天皇一家の日常を撮影する一コマで家族の食事風景を撮影することになったが、当時の皇室では献立が貧しくて哀れなので撮影されたくなく、だから、せめて皇太子（後の平成の天皇）の誕生日で祝膳になってすこしは賑やかな食卓の日にしてほしいと宮内省側から申しいれたといわれている。また、天皇が新聞を読んでいる写真には二カットあって、日本国内向けのカットでは日本の新聞を読んでいるが、"LIFE"に掲載されてアメリカで公開されたカットでは、占領軍が発行していた英字新聞"The Stars and Stripes"である。同じポーズで手にする新聞をかえて二度の撮影に応じさせられた天皇、室内でくつろぐポーズなのになぜかハイヒールの靴を履いている皇后が哀れである(17)。

このセットには、思いがけない写真が二枚含まれている。洋装の天皇の上半身肖像写真と同じく洋装の皇后の上半身肖像写真である。いずれもＢ５版（縦一九七ミリ、横一三五ミリ）のセピア色の単色写真であ

『天皇』（トッパン）表紙

天皇・皇后御真影（信濃毎日新聞）

る。すでに見た五枚の写真はたしかに皇室の日常の生活をあらわしたものであるが、天皇と皇后の肖像写真はいずれもおごそかなイメージのものであり、いわば戦前にあった「御真影」写真の戦後・新憲法版ということになる。これについて昭和二一（一九四六）年一一月三日、憲法公布の当日の「新潟日報」は、天皇は「常装」に大勲位菊花大綬章の副章をつけ、「極めて民主的な姿」、皇后は絹の通常服で、「新しい御真影は学校、官衙《かんが》に従来通り下賜される」と報じている[18]。

GHQは天皇崇拝の教育こそが日本軍国主義の苗床であったと嫌悪していて、昭和二一年に全国の学校で「御真影」をおさめた「奉安殿」の破壊を命じた。文部省はそれに先駆けて、戦前の軍服姿の「御真影」は時代に合わないということで自発的に各学校からの返還、焼却を命じるとともに「新御真影」の配布を予告し、昭和二一年四月五日に宮内省が「御寫眞取扱要綱」を定めて、「天皇陛下ノ御寫眞ハ國民ガ日本國ノ元首、國民大家族ノ慈父トシテ深キ敬愛ノ念ヲ以テ仰ギ奉ルベキモノトス」としてそれの取り扱い方を定めた。その後、この「新御真影」は皇后の写真とともに広く配布されたが、各学校に申請をするよう案内したところ全国どの学校からも申込みがなく、学校からは天皇の写真は消えた。だが、官庁などでは用いられたし、各種の団体が複製を制作して頒布した。マスコミも借り出したらしく、一一月四日の毎日新聞や地方紙でも掲載されている。また、当時、国外にある在外公館に戦前の「御真影」写真に代わる天皇の肖像写真が配布されたといわれている。これがそれに該当する可能性は高いが確証はない。なお、天皇の服装である「御服」は、第二次世界大戦前の正装であった大元帥の海軍軍服に代わるものとして急いで考案された新天皇服であるが、この後はほとんど使われず、翌昭和二二年五月二日に正式に廃止されている。単行書『天皇』にもこの姿の写真は一枚もない(19)。

この天皇、皇后の「新御真影写真」は、水島朝穂早稲田大学教授のブログ「直言」で数回紹介されている。その画像では私の蒐集品には欠けている封筒も紹介されていて、その表面には「新憲法發布記念　天皇皇后両陛下御寫眞」とある。私が注目するのはその横にある「皇室寫眞頒布會」という記載である。この団体は実在していて、その後も皇室写真の頒布をおこなっている。この写真も宮内省の許可を受けて制作されたものの一つであろう。この頃には複数の団体が制作したと思われるので、水島の蒐集品と私の蒐集品との異同は不明である。なお、水島は熱心な現代史の物品史料のコレクターで、私は時折「直言」をのぞいて楽しませてもらっている。私には、彼ほどの広範な蒐集意欲は国内の物品史料にも国外の物品史料にも湧いてこないし、彼ほどに史料を額面通りに信じる素直さがなく史料批判の視点、精度は相当に異なると思うが、物品史料で歴史を理解しようとする姿勢は同じであり、その徹底した研究姿勢と見事に集めた史料品の迫力には素直に尊敬している。

四　「日本國憲法公布記念祝賀都民大會」への「臨御」

こうしたＧＨＱと日本政府による冷遇にもかかわらず、天皇は、半年後に主権者を交代すると述べた相手方の日本国民に圧倒的に歓迎された。一一月三日午後二時に皇居前広場で開催された「日本國憲法公布記念祝賀都民大會」は、東京都民が自発的に主催した形の儀式であり、吉田茂内閣総理大臣でさえ来賓あつかいであった。会場には皇族の三笠宮夫妻、閑院宮夫妻もいた。儀式が一段落したころに突然「君が代」が吹奏され、天皇と皇后が予告なしに登場したのだが、それまで主権在民の大演説が続いていたというのに、天皇の姿が見えるとたちまち「天皇陛下万歳」の大合唱となった。天皇が戦前よりも身近になったことに感激した参加者は、馬車に乗って退出する天皇と皇后のそばに押し寄せ、もみくちゃであったと報道されている。

ここで一つの奇妙な写真を見ておこう。手元にある『皇室の御寫眞』に含まれる「憲法發布式典」への臨御を撮影したものである。これと、すでに紹介したトッパンの写真集『天皇』に掲載された写真を見比べると、何かがおかしい。会場の設定が違う。皇后がいない。そして、天皇はコートを着て傘をさしてい

"THE MAINICHI" (日刊) 毎日新聞 昭和二十一年十一月五日 (火曜日)

毎日新聞

新憲法公布の日、宮城前で民衆の歓呼をお受けになる両陛下

(東京) 毎日新聞社

東洋美術館

「日本國憲法公布記念祝賀都民大會」での歓迎ぶり（昭和21年11月5日毎日新聞）

「日本國憲法公布記念祝賀都民大會」への臨御（トッパン『天皇』より）

る。いったい、どういうことだろうか。

　正解は至極単純である。これは「公布記念祝賀都民大會」への臨御の写真ではない。雨降り、皇后の不在、コンクリート製の会場と言えば容易に想像できるように、これは半年後に日比谷公園の野外音楽堂で行われた憲法施行記念の大会の写真である。「公布記念祝賀都民大會」は、皇居前広場に当日のために臨時に設えた「書割り」の会場であり、大日本帝国憲法の宣布式や、現在明治神宮の宝物館に展示されている馬車での出御の先例に従って皇后も加わり、馬車で登場した。天皇はタキシード姿であり、晴天だったので、雨傘もコートもない。つまり、「皇室の御寫眞」の編者は、別の式典での天皇の写真を使ってしまうという、戦前であれば辞職どころか「割腹して陛下にお詫びする」べきレベルの致命的なミスを犯してしまったことになる。

　細かいことだが、「書割り」は、正面の両側が「日の丸」で、中央に君主が出御する出入り口がある。天皇の足元には、菊花が咲き誇っている。これが当時の「主権在民」の理解なのである。

　ここでもう一枚の写真を紹介しよう。これは正真正銘、「公布記念都民大會」に臨御した天皇のスナップである。厳粛な表情であり、手前に満開の菊花があり、奥に皇后が見え、陪席の臣下の姿も写っている。必要な要素が皆含まれていて、不必要なものは一切存在しない。私は、カメラマンや編集者の象徴天皇制の理解の是非はさておいて、この写真が、一一月三日の天皇を写したベスト・ショットだと思っている。

　こうして、主権者、昭和天皇による憲法改正手続きの一日が終わった。この日、天皇は、半年後の昭和二二年五月三日に立憲君主制の主権者であることをやめ、国及び国民統合の象徴へと転身すると法的に誓

『新憲法發布記念・皇室の御寫眞』
(「日本國憲法施行記念大會」への臨御)

公布記念式典での天皇のベストショット（トッパン『天皇』より）

約したのである。

五　昭和天皇が思っていた「日本國憲法」

元法制局事務官で、転じて政府寄りの憲法研究者であった佐藤功は、大学院のゼミ等で、昭和天皇の代替わりがあるまでは日本国憲法の象徴天皇制は起動しないと語っていた。言いかえれば、昭和天皇は日本国憲法の予定していた象徴天皇ではないということである。一体、日本国憲法下の天皇制には、その施行後に何が起きていたのだろうか。「昭和天皇の日本国憲法イメージ」は興味ある後日談である。

1　昭和天皇とマッカーサーとの会談

昭和天皇は、日本の占領期に、マッカーサーと合計一一回以上会見している。第一回目の会談は、昭和二〇（一九四五）年九月二七日に東京のアメリカ大使館で行われ、その事実は衝撃的な両者の写真とともに報道されて、敗戦に伴う天皇制の変質を告げるものとして広く強い衝撃を与えた。そして、昭和天皇はその後少なくとも一〇回マッカーサーと秘密裏に会見していたが、その事実を明らかにしたのは歴史研究者の半藤一利である。

半藤の解明したところによれば、昭和天皇はマッカーサーを訪問するたびに、その時々の最重要な政治的課題について積極的に意見を述べている[20]。それに対して、日本国憲法第四条「天皇は、この憲法の定める國事に關する行爲のみを行ひ、國政に関する權能を有しない。」で天皇の政治的無能力を命じたマッカーサーであるのに、天皇の発言の越権をとがめるどころか、英明な君主あつかいで積極的に応答している。憲法的に重要なのは昭和二二年五月六日の第四回訪問で、昭和天皇は日本が憲法で非武装を国是としたのであるからアメリカがリーダーシップを取って安全を保障することを求め、マッカーサーは日本の防衛を保証すると誓約した。また、同年の秋に米軍が日本防衛のために全国に基地を展開する計画で芦田均内閣総理大臣が日本本土のどこでもよいと同意したことを知った昭和天皇は、沖縄を二五年ないし五〇年の長期間アメリカに貸与してそこにアメリカ軍の強大な中心基地を集約すれば、日本国内に基地網がなくても日本の安全も極東の軍事バランスも確保できるという思い切った軍略を親書でGHQに示し、日米両国はその線でその後の安全保障体制を築いた。昭和天皇は極めて老練な外交交渉家、軍略家であったといえる。

2　昭和天皇の国内政治の発言

一方、国内政治でも、昭和天皇の積極的な政治発言があった。これは、天皇制批判の国内世論をことさらに刺激するので厳重に秘密がたもたれ、皇居内での天皇の言動を外部に漏えいさせることは政治家や官僚が絶対にしてはならない一大タブーであった。古くは昭和二四（一九四九）年一〇月に、当時の警視総監田中栄一は主要都市の警察長らとともに宮中で昭和天皇に治安状況の内奏をおこない、その際に「治安の維持は日本の再建の為に大切なことであるから、みんなよく確りやつて欲しい。警察の制度が非常に複雑だから、運営の点で関係の警察とよく連絡協力して、治安確保に一層努力することを希望します」との言葉を得た。田中は退出後に警視庁本庁舎第一会議室に全職員を集めてこの天皇の言葉を伝達し、のちに自著でも全文を紹介している(21)。官僚による秘密の内奏と天皇のお言葉という慣習が日本国憲法制定直後からすでに広く行われていたことが分かる。また、昭和天皇とマッカーサーとの第八回目の会見はこの年の七月八日であり、天皇はしきりと国内の治安の悪化を憂慮する発言をしていて、田中の内奏の時期とそこで話し合われたことと平仄が合う。

田中の場合は天皇の言葉が外部に漏れることがなかったので政治問題化しなくて済んだ。一方、昭和四八（一九七三）年五月に防衛庁長官の増原恵吉は防衛問題の内奏ののちに新聞記者に、内奏の際に天皇から「近隣諸国に比べ自衛力がそんなに大きいとは思えない。国会でなぜ問題になっているのか」と言われ、「おおせの通りです。わが国は専守防衛で野党に批判されるようなものではありません」と答えると、天皇から「防衛問題は難しいだろうが、国の守りは大事なので、旧軍の悪いことは真似せず、よいところは取り入れてしっかりやってほしい」との言葉をもらい、「防衛二法（防衛庁設置法、自衛隊法）の審議を前に勇気づけられた」と話した。これはタブーの明白な侵害であり、増原はバッシングにあって発言の三日後に防衛庁長官の職を辞任させられた。

このタブーは平成年間、平成天皇になっても継続した。平成一三（二〇〇一）年九月に小泉純一郎内閣の田中真紀子外務大臣が新任大使の認証式で宮中にいた際の天皇との会話の内容を外務省職員らに自慢気に漏らして大問題になり、平成二一（二〇〇九）年一一月に鳩山由紀夫内閣の亀井静香金融・郵政改革担当大臣が宮中での午餐会の席での天皇との会話をテレビ番組で漏らして非難を浴びた。田中や亀井の場合は雑談の漏えい程度であったが、天皇が国務大臣、衆参両院議長、高級官僚らから正規の報告、内奏を受けるのに用いるのは、昭和天皇の時期からの伝統で、同じ皇居内の小部屋であり、ここでは二人だけの密談がおこなわれ、天皇は意見を述べ、希望を語り、指示をだしている。

こうした内政、外交上の昭和天皇の行為を日本国憲法第四条違反だとすることは困難ではない。だが、少し見方を変えてみると、ここには昭和天皇が自ら体現してきた象徴天皇制のイメージがあらわれている。昭和天皇がGHQ草案受諾時の幣原喜重郎内閣総理大臣や清水澄枢密院議長から象徴天皇制についてどのように説明されたのかは記録が残されていないが、立憲君主制の一変種ないしそれに近いものと説明されていたのではなかろうか。天皇は、自身の政治的発言が憲法違反の国政への干渉であるとは毛頭思っていなかったであろう。周囲の者はこうした天皇の思いを認め、天皇の気持ちが傷つくことのないように配慮して、立憲君主制の君主と臣下の関係のように謹聴する振る舞いを続けてきた。

このほかに、天皇が行う法律の公布手続きは「御名御璽」で大日本帝国憲法の裁可手続きと同類だし、総理大臣、衆参両院議長らが就任後に最初に行う公務は各皇族邸を歴訪して就任の報告を行う「宮家邸への挨拶／記帳」である。慣例として、各皇族は家人が「あいにく外出中で失礼します」と応答し、玄関先で記帳して失礼して次の宮家邸に急ぐ慣習になっている。外部の権力から独立している司法府でさえ式典への天皇の臨御を求めて、それが実現されるとこれでやっと立法府、行政府と並ぶ対等な最高権力になれたと歓喜する。最高裁長官は内閣総理大臣、衆参両院議長に次ぐ高次の宮中席次を得て宮中祭祀に出席し、就任時と退任時に夫妻で宮中に呼ばれて天皇から慰労の言葉をかけられて晩餐にあずかる。そうした壮大な立憲君主制のお芝居が昭和天皇にとっての日本国憲法として続いた[22]。

3　皇居内外で食い違う天皇のイメージ

日本国憲法は皇居の外では国民主権原理で政治的に無力な象徴天皇制であるが、皇居の中では立憲君主制原理で天皇は君主でありつづけた。だから、皇居の堀の内部で行われていることが、いかに天皇制の神話に基づいていようと、あるいは天皇が大日本帝国憲法当時と同じようにふるまっていても、「日本国憲法はお堀の外では国民主権、お堀の中では君主主権」なのであるから、それをいくら違憲だと批判しても豆腐にかすがい、糠に釘で、ワザありにはならないし、まして一本決まったとはならなかった。佐藤功の残した言葉は日本国憲法の運用におけるこの奇妙なダブル・イメージの存続を示唆している。

辻田真佐憲はこれを昭和天皇の個人的な逸脱と判断し、「君主制をやめられない症候群[23]」と名づけているが、そうだとしたら、この病気の感染力は強力で、皇居の敷地内に入った者は、内閣総理大臣も、衆参両院議長も、最高裁長官も、各省大臣も、高級官僚も、各国の外交使節も、誰一人例外なくこの「君主制をやめられない症候群」に感染して、謹んで天皇に謁見の栄を受ける臣下という役どころを演じる症状を発現させ、天皇からお言葉をいただき、感激して皇居をあとにしていたことになる。私は、むしろ、客観的に観察すれば、日本の憲法は、皇居の堀の外は国民主権で、堀の内は立憲君主制というダブル・イメージの象徴制で続いてきたのだと理解している。皇居の中は別の国であったのではないけれども、そこには一種、イタリアとバチカン市国の関係に通じるものがあった。

第四章　草の根の祝賀行事と解説パンフレット

かつて、明治時代、大日本帝国憲法が発布された日に、東京都民は、こぞって街に繰りだしてこれを祝った。この天皇主権の憲法に反感をもつ第二次大戦後の歴史学者や憲法学者は、きまって当時の新聞の噂話や外国人医師ベルツの『日記』を論拠にして、彼らは何も分からず、「憲法の発布」を「絹布の法被《はっぴ》」だと誤解してこれが貰えると騒いでいるだけだという、蔑視丸出しの発言を引用して、これを冷笑してきた。これと比較すれば、日本国憲法は、国民がこの憲法のすばらしさを理解し、我がこととして公布の日を祝った国民の憲法だと言いたいためにである。そこで、公布の日の祝賀行事を細かく見てみよう。

一　各地で行われた祝賀行事

1　祝賀行事の筋書きを描いた者

昭和二一（一九四六）年一一月一日の「大分合同新聞」は、「三日憲法公布記念日に行う祝賀式の件につき内務次官から通牒があった。縣では各地方事務所、警察署、勤労署、世話部長各所長、各學校宛、簡単

日本国憲法施行祝賀花電車（東京・銀座）（提供朝日新聞社）

厳粛な祝賀式を行うよう三一日通牒を發した。この日縣庁は式を行い当日公布される勅語（上諭のこと）を奉讀したのち知事の訓示がある」と伝えている（勤労署はあまり聞かない役所名だが、戦争中の国民勤労動員署が敗戦後に勤労署に改称され、さらに昭和二二（一九四七）年四月に公共職業安定所に改組されている）。公布日が「公布記念日」と考えられていて、その祝賀行事が内務省主導の下、全国で組織的に取り組まれた秘密工作の舞台裏を明らかにした情報はこの「大分合同新聞」の記事だけである。

　昭和二一年一一月三日は日本国憲法の公布日ではあっても「公布記念日」ではない。ただ、当日はたまたま日曜日であったし、伝統的な明治節で休日であったので、実際には公布記念日のようであり、祝賀式の後、芸能や運動の行事が各地で行われた。もともと明治節には「明治節大運動會」が行われる伝統があったから、「日本國憲法公布記念大運動會」はとくに開催されやすかった。花電車も各地で走った。こうした行事を仕切ったのは、実際は内務省と各地の官選都道府県知事、そして市町村長であった。

一方、日本国憲法の施行日の昭和二二年五月三日は土曜日であったが、臨時に休日とされた。また、五月三日から五月九日までは、普及活動に集中的に取り組む「新憲法施行記念週間」とされた。この期間には、①五月三日を休日とし、新憲法施行記念式典を挙行すること、②映画館、劇場、寄席等における記念興行、③記念講演会、記念体育大会、記念音楽会、記念展覧会等の開催、④記念放送のプログラムの編成、⑤新聞の記念号の発行、⑥有力雑誌との連携による宣伝、⑦店頭、街頭、駅、車内等における宣伝、記念絵葉書、切手、スタンプの製作が計画され、実際に各地で盛大に祝賀行事も行われた。新憲法施行記念式、記念講演会、記念祝賀会とともに、一般の映画会の開催、音楽演奏会、のど自慢大会、相撲大会などのスポーツ・イベント、囲碁大会、将棋大会、麻雀大会、競馬レース、鼓笛隊の行進、仮装行列、花電車、旗行列などなど、祝賀一色の行事が多かった。学校にも動員をかけたので、小学生、中学生の行進も多かった。ただ、当日は全国的に天候が悪く、東京の祝賀大仕掛花火大会はおこなえなかったので、用意した花火を消化するために、数日後、「初國會祝賀大仕掛花火大會」としておこなった。

こうした記念行事を仕切ったのは内務省と各都道府県の憲法普及會支部、つまり支部長の都道府県知事とこれを職務とする地方公務員である。この日に合わせて、記念講演会も開かれ、東大系の教授が話した内容は記録されて書物として残された。このほかに、郵政を担当する逓信省、食料の安定供給を担当する農林省、労働行政を担当する厚生省（後に労働省に分化）などの官庁の所管で行われた祝賀行事も多くあっ

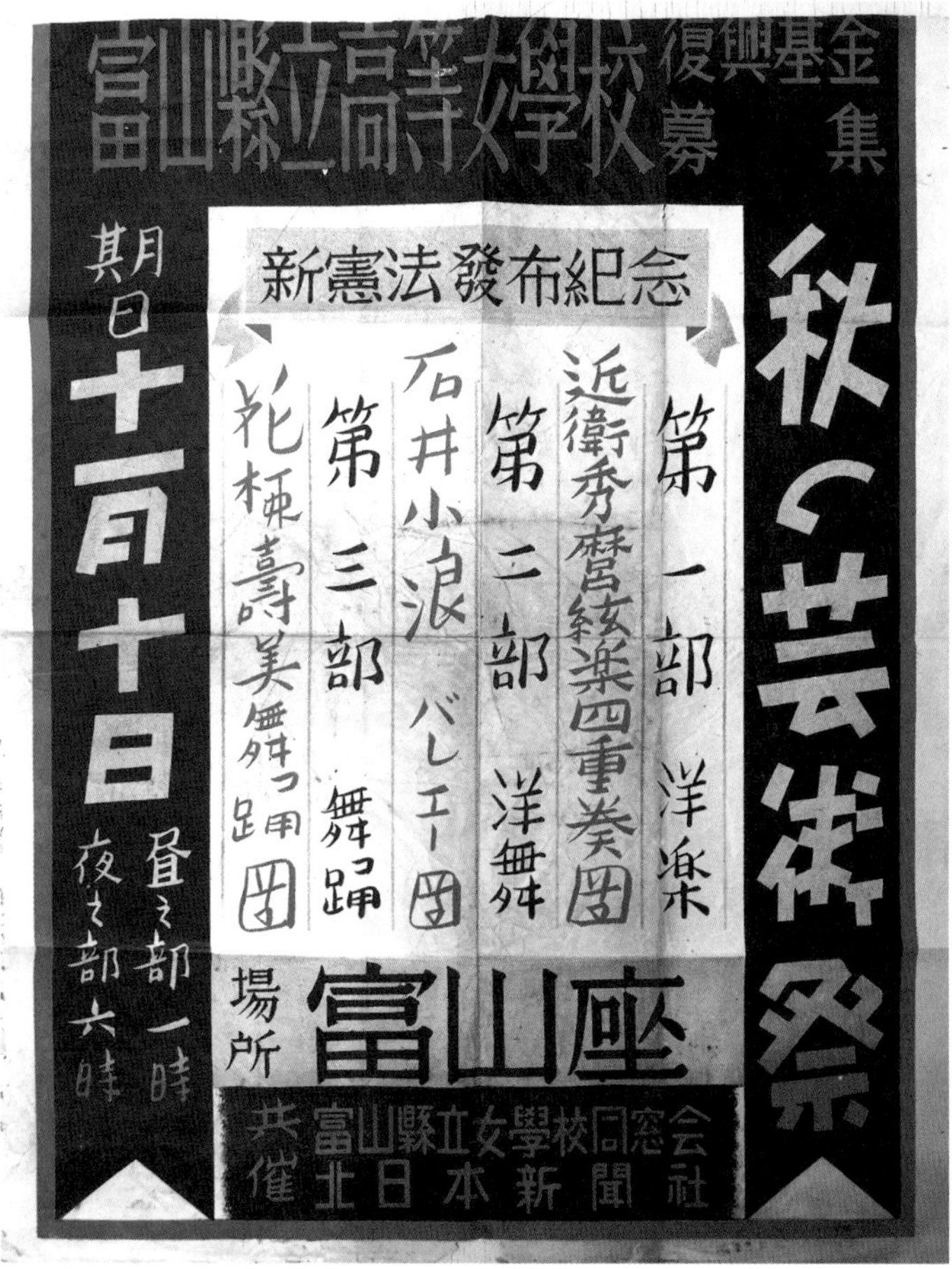

富山縣立高等女學校　「新憲法發布紀念 秋の芸術祭」ポスター

たが、憲法普及會としてはみずからの活動の成果としてはカウントしなかったようで、報告書には登場しない。

2　GHQの祝賀行事参加

GHQは、自分たちの憲法制定過程への強い干渉を隠して、日本国民自身が新憲法を制定したものとして祝賀した。とくに昭和二二年五月三日の施行日にはそれが盛んで、東京でマッカーサーの声明や、吉田首相への祝賀の書簡が公表された。また、全国各地に駐屯した軍政隊の軍人やその家族がその地方の祝賀行事に参加した。祝賀行事での祝賀のスピーチ、ダンス・パーティーなどへの参加、記念の講演、地方紙の取材に応じた言説などがめだつ。各地で軍政隊の幹部軍人が活躍しているが家族も活発で、秋田ではローレス秋田軍政部長夫人が「日本婦人の自覚」について語り、福岡では「軍政官令嬢ジョイス・マンスキーさん」が「アメリカの女学生として日本のお友だちへのお祝い」を述べた。その地方の新聞が報道する「令嬢ジョイスさん」の発言を見ると、軍人である父親がたまたま得た敗戦国の一地方を支配する権力をあてにして休暇を楽しむヤンキー娘気質が丸出しで、その立ち位置、発言はいかにも無神経である。

GHQの祝賀行事への参加でもっとも過激だったのは石川軍政隊である。五月三日に金沢市内の兼六園広場で行われる予定の祝賀市民大会（実際は天候不順で五月四日に延期して挙行）に米軍機三機が飛んできて、上空から軍政隊の祝賀メッセージのビラ一〇万枚と北国毎日新聞社の祝賀ビラ五万枚をまいた。軍政隊のビラは英文と日本語訳文が書かれたもので、翌日の地方紙に英日両国語の全文が載っている。米軍機と言

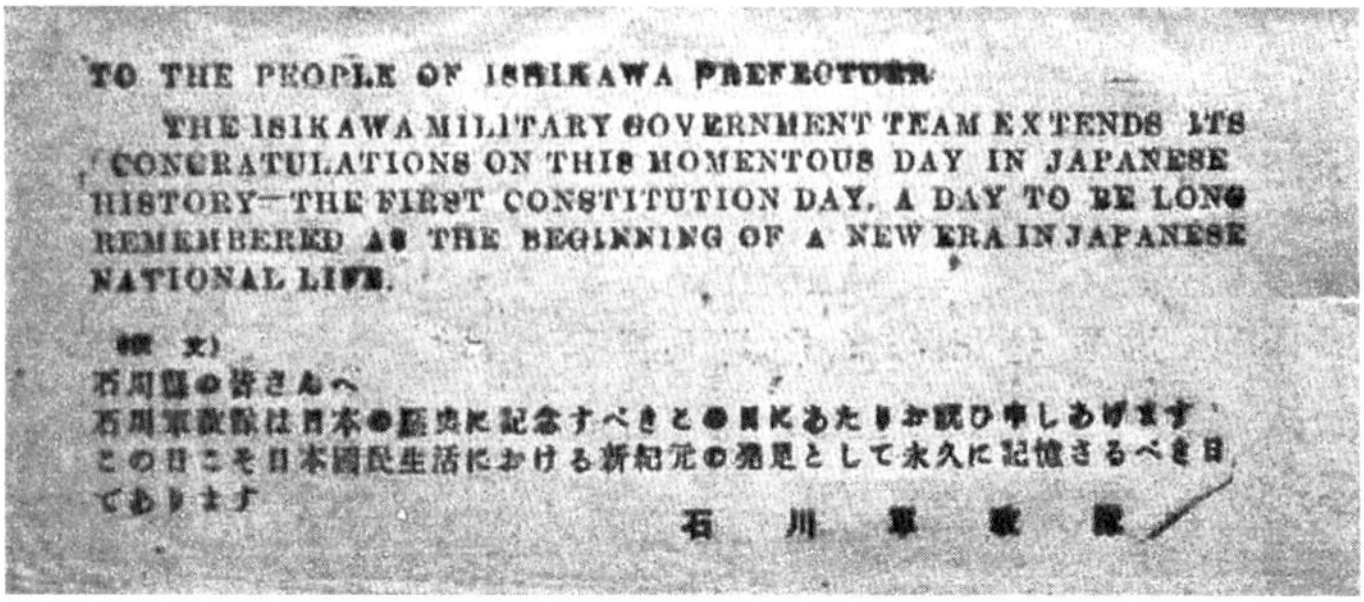

TO THE PEOPLE OF ISHIKAWA PREFECTURE

THE ISIKAWA MILITARY GOVERNMENT TEAM EXTENDS ITS CONGRATULATIONS ON THIS MOMENTOUS DAY IN JAPANESE HISTORY—THE FIRST CONSTITUTION DAY, A DAY TO BE LONG REMEMBERED AS THE BEGINNING OF A NEW ERA IN JAPANESE NATIONAL LIFE.

（譯文）

石川縣の皆さんへ

石川軍政隊は日本の歴史に記念すべきこの日にあたりお祝ひ申しあげます

この日こそ日本國民生活における新紀元の發足として永久に記憶さるべき日であります

石川軍政隊

占領軍（石川軍政隊）散布の祝賀メッセージビラ

えばその苛烈な都市爆撃の経験からまだ二年もたっていない。その爆撃機が三機編隊で低空に飛んできて、頭上で爆弾格納庫の扉を開けば、それはすなわち無差別都市爆撃、焼夷弾の雨、大量の爆死者と大火災の焼死者に直結するのだから、その記憶も生々しい金沢市民は肝を冷やしたことだろう。そうしておいてパッと「コングラチュレーション」のビラを撒く。これがアメリカン・ジョークなのだろうが、さて人々にはユーモアとして笑えるほどの気持ちの余裕は回復していたであろうか。地方紙は市民の感想については何も報道していない。

3　憲法制定記念の県歌、県民歌の制作

憲法制定を記念して、全国各地の自治体で、県歌、県民歌の制作が進められた。第二次大戦中の日本には、各地に県歌、県民歌があった。長野県の「信濃の国」などはとくに有名であった。しかしその多くは、戦後、GHQによって軍国主義的であるとして「君が代」と同じように使用が禁止された。そこで、各県では日本国憲法の制定を機会に、それに代わる新しい県歌、県民歌、市民歌を、専

門家に依頼したり市民から公募したりして制作する動きがうまれた。

動きが早かったのは兵庫県で、昭和二二年二月一九日に、作詞は公募で選ばれた県内の国民学校教員のもの、作曲は元東京音楽学校教授の信時潔に依頼して、「新憲法公布記念縣民歌」が正式の県民歌として発表され、同年五月三日の施行記念式典、五月八日の「兵庫縣民歌発表會」で披露された。ただ、この歌も県民の心をとらえることはなく、いつの間にか演奏する機会がなくなっていった。ただ、兵庫県ではこれに代わる別の県歌、県民歌は作られていない。

その他、新憲法記念の県民歌としては、徳島県の「徳島縣民の歌」（作詞・公募、作曲・今川幹夫）、山形県の「山形縣民歌・朝ぐもの」（作詞・公募、作曲・橋本國彦）、新潟県の「新潟縣民歌」（作詞・公募、作曲・明本京静）、長野県の「長野縣民歌」（作詞・公募、作曲・前田孝）などがある。いずれも県民に広く受け入れられることはなく、比較的に短期間のうちに自然消滅したり、他の県民歌と取り替えられたりしている。

二　草の根の解説書

１　各地で発行された地方版の憲法解説書

日本国憲法の制定にともない、全国各地でそれの解説書を作る動きがあった。国の機関の地方事務所や都道府県が発行したもの、地方紙の新聞社が発行したものが多数あり、その多くは二〇ページ程度のパンフレットであったが、『新憲法抄』は、東大教授の田中二郎、石井照久、有泉亨に最高裁裁判官の河村又介が加わった講義の記録で、昭和二二年一〇月に岡山県東京事務所から発行されている。このほかに、国、県やそれに近い団体が発行したものには、北海道社會教育協會『新憲法解説問答』（昭和二一年一二月）、新潟縣社會教育協會『新憲法解説』（田中耕太郎・新憲法の基礎理念、矢部貞治・新憲法を活かす途、昭和二二年五月）、千葉縣教育會『新憲法の解説』（中山宏、昭和二二年三月）、兵庫縣社會教育課社會教育協會『新憲法の解説――新憲法公布記念』（金森徳次郎・新憲法の精神、森順次・新憲法解説、昭和二二年三月）、滋賀縣『新憲法の解説――附改正地方制度の手引』（非売品、田畑忍・新憲法と民主主義、昭和二二年四月）、などがあった。新聞社系では、京都新聞社『新憲法解説』（黒田覺、昭和二一年一一月）、中国新聞社『新憲法と民主主義』（中村哲、昭和二二年九月）、民生新報社（熊本県）『日本國憲法 改定新憲法全文』（昭和二一年一〇月）などがあった。民間団体では、週刊學友社（大阪府）『少國民公民讀本 新憲法の話』（實野恒久、昭和二二年一月）、文化科學研究會（高崎市）『民主々義の原理による新憲法の解説 附、新憲法全文』（須郷登世治、昭和二一年一一月）、南思想問題研究所（小樽市）『新憲法の精神』（南亮三郎・新憲法と民主革命、木村重義・新憲法と平和國家論、早川三代治・新憲法と婦人問題、昭和二一年一二月）、加越能青年文化聯盟（金沢市）『新憲法の精神 新憲法に對する感激』（杉村章三郎・新憲法の精神、金森徳次郎・新憲法に對する感激、昭和二二年五月）、農村文化協會長野縣支部『新憲法の政治的考察』（中村哲、昭和二二年二月）などがあった。しかし内容はいずれも東大、京大系の学者の講演会や講習会の記録がほとんどで、その地域に独自の内容や主張はまだ芽生えていない。最後の中村哲の『新憲法の政治的考察』は法政大学に就職して左翼文化人として売り出し中の中村であったのに、肩書は「元臺北帝大教授」である。左翼の勢力が盛んであった長野県の「農村文化協會

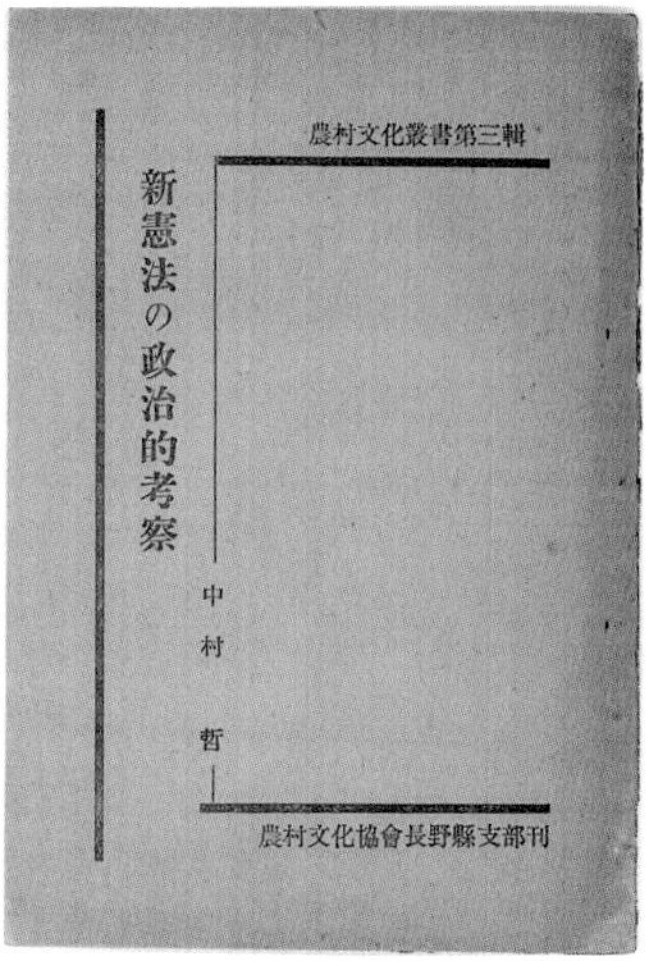

『新憲法の政治的考察』
（農村文化協會長野縣支部）

『新憲法抄』（憲法普及会）

長野縣支部」でさえ、憲法を語らせるとなれば「帝大教授」を起用することになってしまい、それに揃えるために中村に現在の私立大学教員の肩書ではなく元職の帝国大学教授の肩書を使うあたりに当時の草の根の文化の状況が見える。

2　たった一人の『日本国憲法』

日本国憲法の公布当時、熊本県菊池郡陣内村大字陣内に坂本一男という人が住んでいた。坂本は、日本国憲法の制定に感じるところがあって、一人で、当時朝日新聞社が発行した芦田均（衆議院帝國憲法改正小委員會委員長）、安倍能成（貴族院帝國憲法改正案特別委員會委員長）による新憲法の解釈書をもとにして、自分の意見も補充して、ガリ版刷りの憲法解説の小冊子を作り、周囲に配った。昭和二一年一二月のことである。この小冊子は自作の謄写版刷りで、用紙の紙質もよくないが、そこに込められた坂本の気持ちは新憲法に高揚している。内容はまだまだ一般的に天下国家を論じるもので、自分の生活、自分の家族、自分の地域にとっての日本国憲法の意義、価値には記述がおよんでいないが、その無私で真摯な勉強と執筆の姿勢には、遠い過去、明治時代の自由民権運動の草莽《そうもう》の壮士のイメージがかさなる。

この小冊子は、とっくに自然消滅するはずのものであったが、当時GHQがおこなっていた出版物の検閲の対象となり、当局に提出させられたものが占領期検閲資料としてアメリカで大事に保管されていた。当時の日本では、新憲法に感動し、同じようにたった一人で啓発のために行動した草の根の有志があちらこちらに何人もいたと思われる。そういう人々の活動の痕跡は歴史から消え去っているが、坂本の小冊子が残されていたおかげで、草の根に、少なくとも一人はそういう有志が居たことが証明されて、そこからこういう推測ができるようになった。坂本の場合、草の根での新憲法への思いが残り、引き継がれるのはごくまれな幸運であったと言えよう。

第五章　新憲法記念絵葉書と記念切手

日本では、明治時代から、国家の慶事に際して記念切手（特別切手）を発行する慣例があった。ただし、記念切手の第一号は明治二七（一八九四）年の天皇銀婚記念のものであり、それ以前の時期のできごとであった大日本帝国憲法発布の記念切手はない。これに対して日本国憲法の場合は、公布記念に絵葉書セットが発行され、施行記念に記念切手が発行された。これは簡単明瞭なできごとのように見えるが、細かく見るとなかなかに興味深い経緯がある。

一　記念絵葉書と記念切手

1　「日本國憲法公布記念日本繪葉書第一輯」

これは、石井柏亭画の「平和」、川端龍子画の「不蓋」、藤田嗣治画の「迎日」の三枚の記念絵葉書のセットであり、各々が額面一五銭で通用する郵便はがきになっていて、一組三円で販売された。これを岡田紅陽作、逓信省発行の憲法公布記念品とすることが決定されたのは昭和二一（一九四六）年一〇月一八日、絵画も占領軍将兵の観光土産の絵葉書用に準備していたものの転用という慌ただしさであった。

絵葉書は完成が同年一一月三日に間に合わず、遅れて同年一二月二七日に発行されている。逓信省はいかにも役人らしい弁解で、クリスマス・カードや年賀状に適していると宣伝していたが、さて、日本国民の受けとめ方はどうであったのか。この絵葉書セットは大量に残っているが、多くは売れ残りの品物で、記念品らしい逓信省郵務局長名の贈呈状付のものや、初日スタンプになった一二月二七日の消印付のものはごく稀である。クリスマス・カードや年賀状に使われた例も見たことはない。

なお、このセットがまだ、占領軍将兵の帰国時の土産品向けの絵葉書セットであった頃の計画では、上村松園の「仕舞」の絵画も加えられて四点セットであったのだが、新憲法公布記念に転用されるときに、上村の絵画は削除されて三点セットになってしまった。上村の描いた日本舞踊を演じる女性の絵画は、その画風や画題が憲法公布にふさわしくないとして抹消されたのである。そのために女性画家の参加はゼロになった。だが、男性画家の作品も憲法公布に関連させて描いたものではなく、単なる間に合わせの風景画であり、上村だけが排斥された真因が絵画の図柄にあったとは思えない。上村松園という女性画家そのものが憲法公布にふさわしくなかったのだろう。担当の役人が何を「忖度」したのかは分からないが、女性差別的であることは否定できまい。せっかく男女平等を謳った日本国憲法の公布なのに、奇妙で、残念である。

「日本國憲法公布記念日本繪葉書第一輯」（逓信省）

2 「日本國憲法施行記念」切手

昭和二二（一九四七）年五月三日の日本国憲法施行を記念して一円切手（五月の花束）、五〇銭切手（母子と議事堂）の二種類の記念切手が発行された。また、発行準備の途中で突然に両者を載せて日本国憲法前文の一部を和英両文で加えた小型の記念切手シートの発行が決まり、記念切手よりも一週間ほど遅れて発行された（定価三円）。

法律の制定を記念する記念切手は、通常は主権者による法律の公布の日を記念するものであり、法律の施行を記念した切手は珍しい。また、この切手の図案は公募されたものであり、公募の開始時には「改正憲法施行記念」であったが途中で「日本國憲法施行記念」に改められた。応募作の文字列は右から「改正憲法施行記念」であるが、実際の切手では左から「日本國憲法施行記念」である。当初は大日本帝国憲法の改正であったのに、途中から、旧憲法との断絶が強調されて「新憲法」の制定になったという、空気を読んだ役人独特の気配りが見える。

「日本國憲法公布記念
日本繪葉書第一輯」
（逓信省）
収納袋，初日印

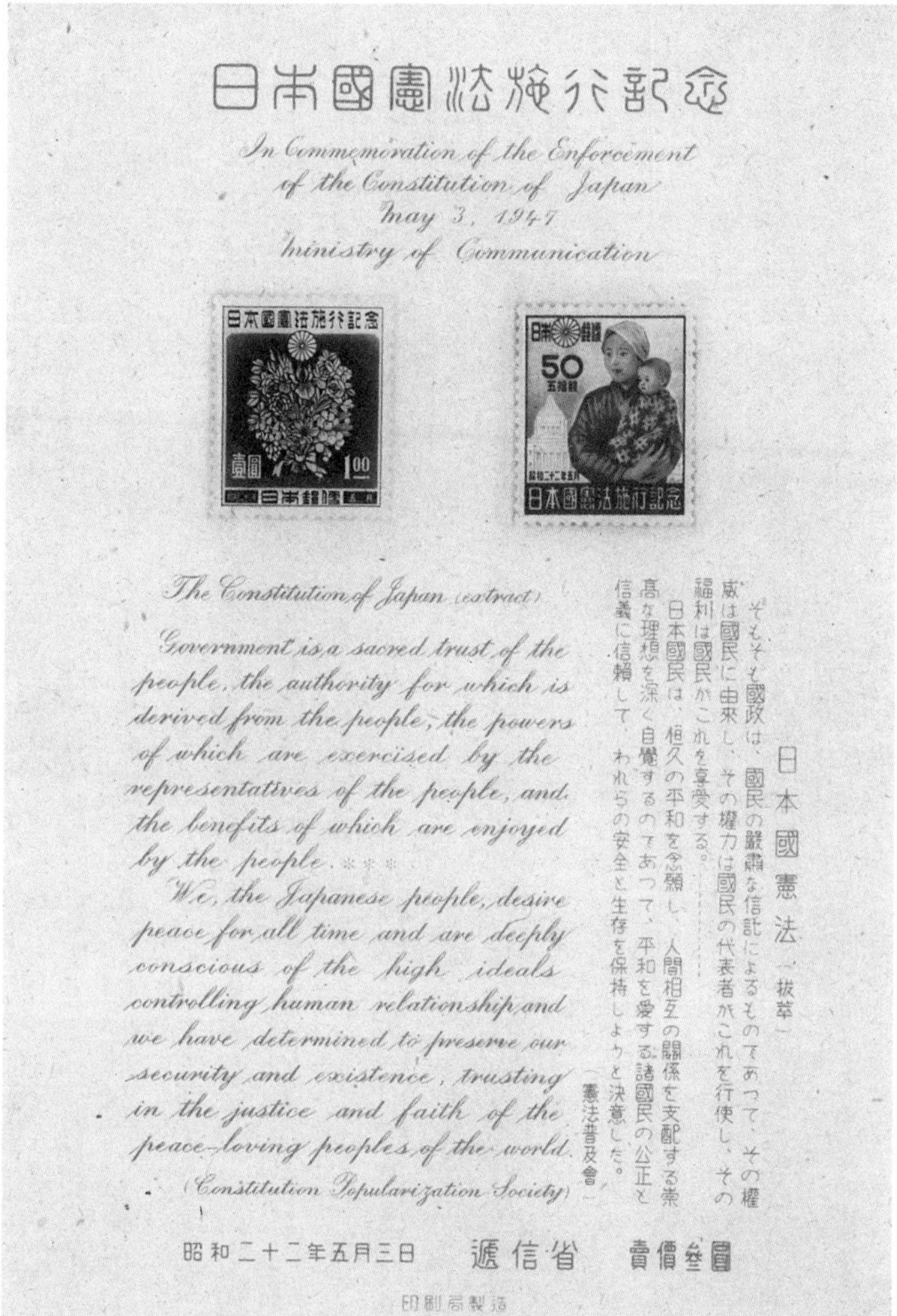

「日本國憲法施行記念」切手シート（逓信省）

日本国憲法の場合、公布日よりも施行日のほうが強調されている。憲法記念日も公布日（一一月三日）ではなく施行日（五月三日）になっている。ここには、日本国憲法の公布日を嫌う特殊な意思と力が作用していた。ＧＨＱ、特にマッカーサー自身が明治天皇の誕生日を記念する明治節の公布を嫌って、それを軽視して施行日の方を重視した。法律文化としては希有な例外であるが、憲法記念日は公布記念日の予定であったのに施行記念日に捻じ曲げられ、記念切手も施行記念日に発行された。

なお、記念小型シートには日本国憲法前文の抜粋が日本語版と英語版の両方で載っている。よく見ると片隅に「憲法普及會（Constitution Popularization Society）」とある。このシートそのものは大蔵省印刷局が製造し、逓信省が発行した切手だから、そこに憲法普及會という外郭団体の名前があるのは一見すると奇妙だが、これは憲法普及會の責任で日本国憲法を抜粋したという弁明である。憲法のどこを抜粋するのが適切なのか、いわば引用責任を追求されることを恐れて、逓信省がそれを外部の有識者に丸投げしたという意味合いがある。

こうした経緯はさておき、切手の図面を見ると、この時期に定番の国会議事堂と鳩の組み合わせではないことが印象的であり、母親と幼児の姿は新鮮であるが、実は公募作品の中で一等になったのは議事堂と鳩の組み合わせであった。だが、逓信省側からそれではあまりに陳腐だとの異論がでて二等とされていた二作品、「五月の花束を描く」と「幼児を抱く母を描き議事堂を配す」（応募時の原作者による題名は「無題」）が採用された。二作品の同時採用だから記念切手は珍しく二種類になった。

ここで一つ気になっていることを書こう。入選作の原作者が応募した作品の「無題」では、女性は悲し

「日本國憲法施行記念」切手図案（左：応募作品，右：実際の切手図案）

そうな表情に描かれ、女性が抱く幼児は女児であった。それが、役人の手を経て切手としての体裁を整えられた完成版では、女性の表情は明るくなり、抱いていた女児は男児に変更されていた。民主日本の将来を託す希望は明るく、将来を託するのは女児では駄目で男児だということであろう。これも当時の空気感を微妙に反映している役人らしい改変であるが、さて、男女平等の日本国憲法としてはどう考えたらいいのであろうか。

３　「日本國憲法施行記念」スタンプ

昭和二二年五月三日、日本国憲法の施行に合わせて各地の郵便局で記念スタンプが使われた。スタンプの図柄は全国どこでも共通して「かがり火」である。当局の説明では「焔を描いて日本國新憲法施行の意を表す」である。円形のスタンプの上方に「日本國憲法施行記念」、左下方に地域名（郵便局名）、右下方に「昭和22.5.3.」の日付が入っている。スタンプはその後五月九日まで使われたが、初日スタンプではなくて記念スタンプだから、日付は改めることなく五月三日付のままであった。なお、別途に、五月

日本國憲法施行記念 スタンプ（逓信省）

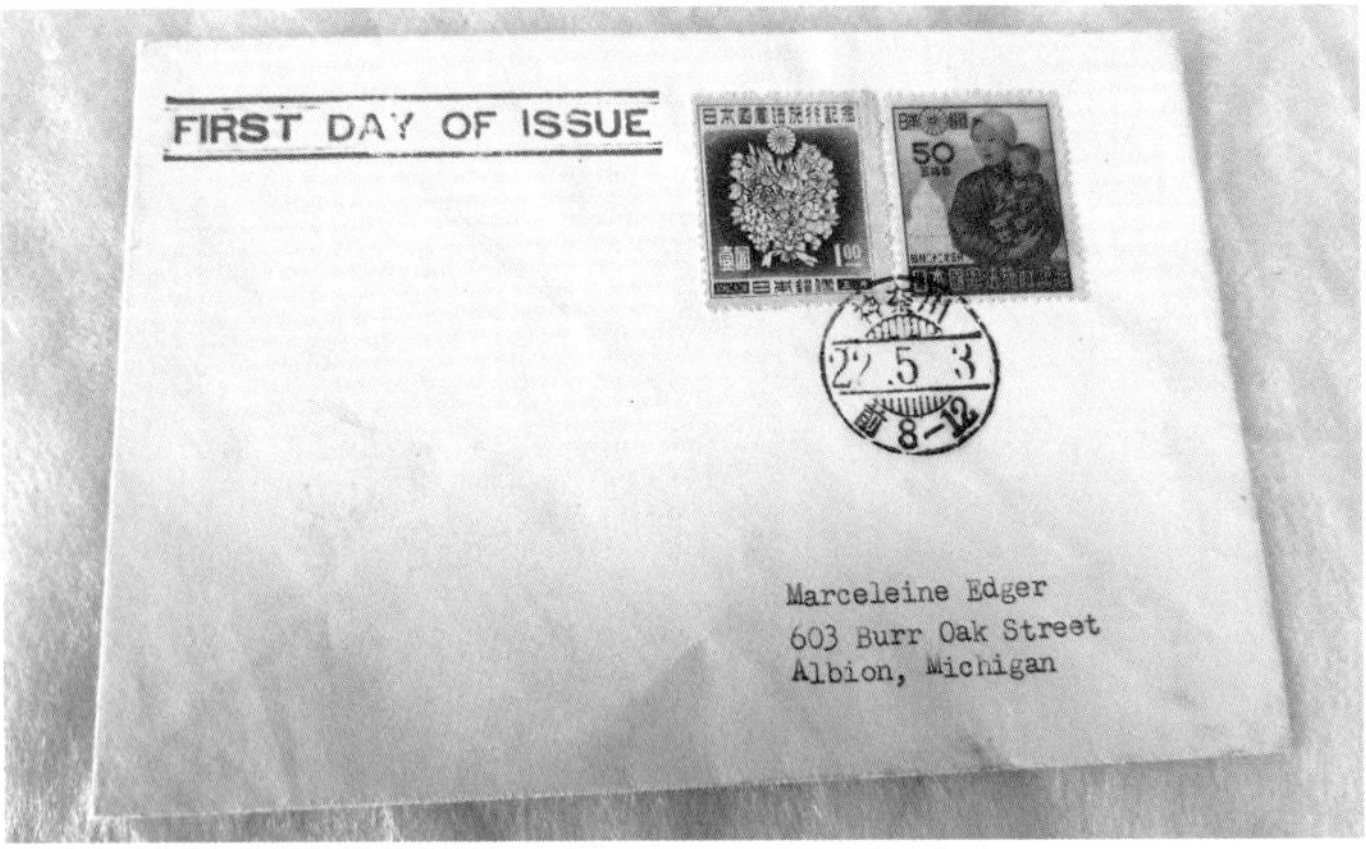

日本國憲法施行記念 初日消印（逓信省）

三日付の通常の消印を捺して記念切手発売の初日スタンプとした、切手マニアらしい例もある。記念切手の小型シートに記念スタンプを捺したものも多く残されている。

４　ＧＨＱの郵便検閲

記念切手を貼り実際に投函して、郵便局側で五月三日のスタンプを捺して郵便物として配達したものの中には、第二一条第二項で検閲の絶対的な禁止をうたう日本国憲法が施行された記念日であるにもかかわらず、ＧＨＱによって郵便物検閲をされて、当時は珍しかったセロテープで再封印されたという皮肉なものもある。セロテープには、ＯＰＥＮＥＤＢＹＭＩＬ．ＣＥＮ．－ＣＩＶＩＬＭＡＩＬＳ（軍の個人郵便物検閲で開封済み）と印刷されていて、占領軍による検閲、センサーシップであることが示されており、それにくわえて、担当した検閲官のスタンプが捺されている。

たとえば後に日本の原子力開発の中心的な指導者となった三島良積宛に送られた郵便物が検閲されている。三島は当時東大理学部の大学院生で大学の切手収集サークルの会長にすぎなかった。戦争中に原爆の開発にあたっていた理化学研究所の仁科芳雄研究室の弟子だったとはいえ、ここまで検閲対象にしていて、ＧＨＱの郵便物検閲が相当に広くおこなわれていたことを物語っている。言論の自由をうたい、検閲の禁止を定めた日本国憲法の生みの親であるＧＨＱが、憲法に関する自由な議論を禁じて、個人の郵便物まで検閲を強化していたというのはとても皮肉である。そして、郵便物の検閲はよほど日本語に精通していないとできない仕事であり、実際にはＧＨＱに雇われた数千人の日本人が下請けで検閲の仕事をしていた。

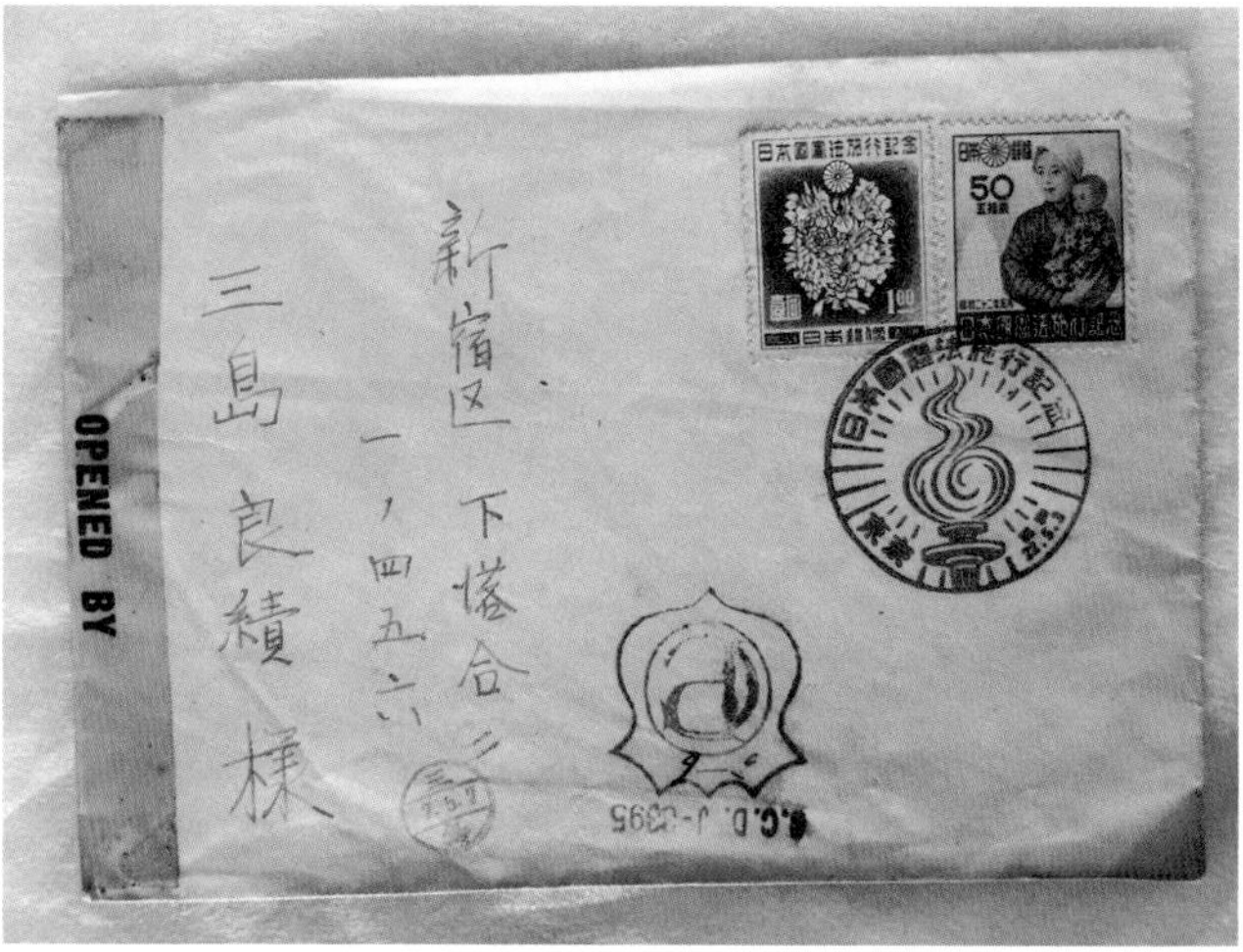

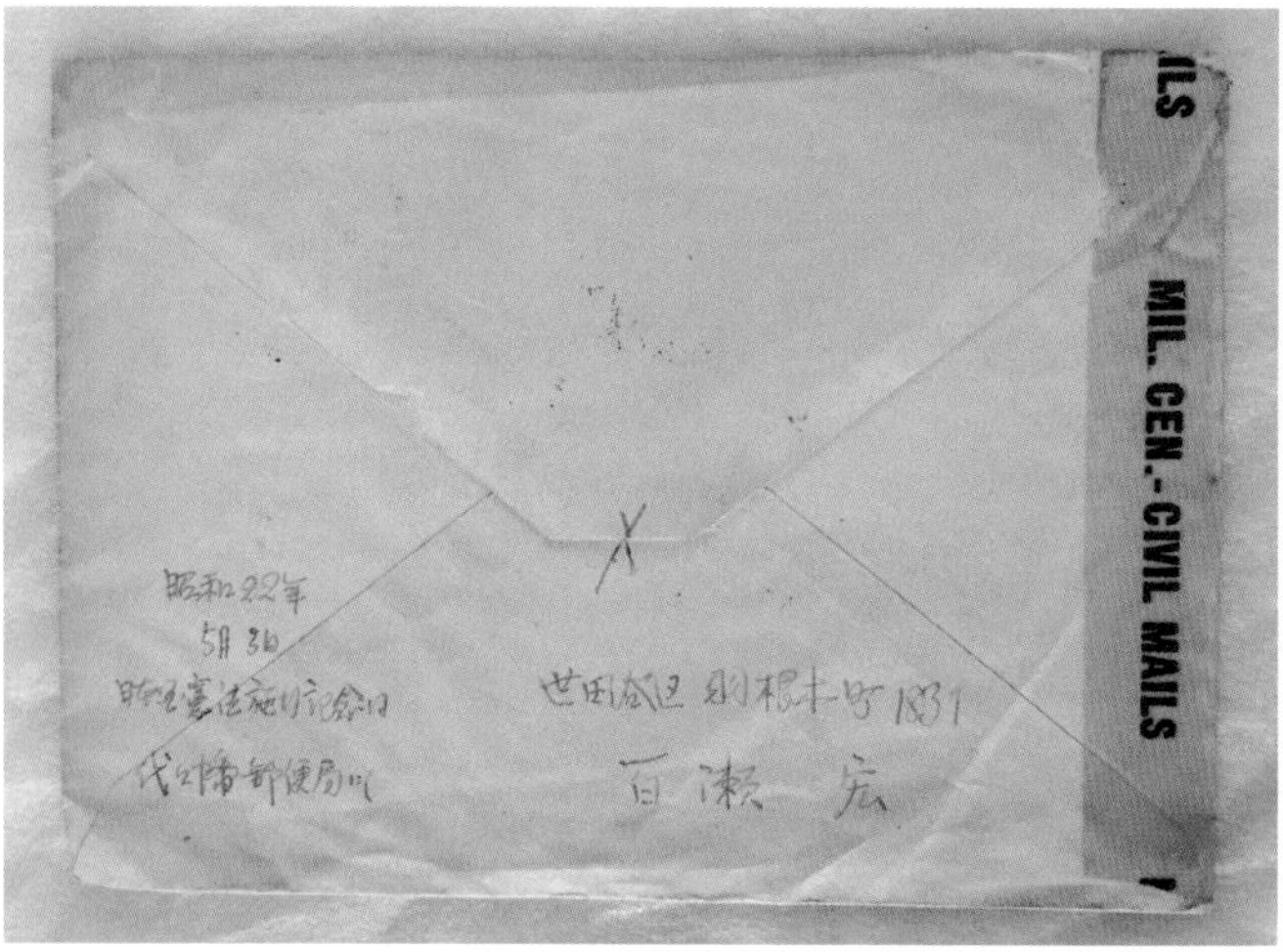

上：GHQ の郵便検閲・表面，下：同裏面。
セロテープの部分は，画面では切れているが，
実際は一枚で表裏両面を封じている。

「憲法施行五周年記念」通常はがき
（全体とその一部）

福岡でこの下請仕事をしていた一人が後に語っている[24]が、郵便物一〇通に付一通の割合で選び出し、開封して読んで問題があればＣＣＤ（民間検閲部）の上司である米軍人に報告するしくみであった。憲法公布の際には、「憲法への反応に注意するように。批判があれば必ず報告せよ」という指令がでたが、実際には憲法に触れる手紙はまったく見当たらなかったそうである。福岡の人々は新憲法にそれほどの関心がなかったから不幸中の幸いであったが、これも敗戦国日本の物悲しい風景である。

二　その後の記念葉書と記念切手

１　「憲法施行五周年記念」通常はがき

昭和二七（一九五二）年に発行された、「憲法施行五周年記念」と「平和条約発効記念」とを兼ねたはがきがある。額面五円である。図柄はいかにも簡素な花束

「日本国憲法発布」記念切手

で、制定当時の記念品における熱意とは比較にならない。これもまた、制定直後から保守派に嫌われて冷遇されていた日本国憲法史の一断面を物語っている。なおその後、日本国憲法に関する記念切手や記念はがきは発行されることなく、長い間とだえていた。

2 「日本国憲法発布」記念切手

日本国憲法の公布から五〇年後の平成八（一九九六）年に「戦後五十年メモリアルシリーズ第一集」として、サンフランシスコ講和条約に署名する吉田茂首相の写真を図柄にする八〇円切手とセットで発行された「日本国憲法発布」記念の八〇円切手がある。

日本国憲法については、施行記念切手は発行されているが公布記念切手は発行されていない。こうした経過からすると、この切手は五〇年遅れの公布記念切手ということになる。だいぶ時間がたちすぎたが、たまたま日本国憲法は五〇年間一度も改正されていないので間に合ったことになり、本来あるべきものが揃ったのだからまずは祝着至極である。

ところが、この記念切手は、昭和二一年の公布当日には到底発行できそうもない中身である。まず、切手の名称が制定当時のタブー語「憲法発布」である。そして図柄は公布記念式典に出席するべく、日の丸の旗行列に迎えられながら帝国議会議事堂構内に入ろうとする天皇の車の後ろ姿である。「日本国憲法は昭和二一年一一月三日に昭和天皇によって発布された大日本帝国憲法の改正憲法である」と主張したげな、タブー破りの復古主義的なイデオロギーの切手といえる。その考え方の是非は別として、タブーに挑戦して、欠落していた憲法発布記念切手を五〇年遅れで発行した郵政当局者の執念は注目にあたいする。

3　「日本国憲法施行」デザイン切手

平成一二（二〇〇〇）年に、「二十世紀デザイン切手第十集」の一部として発行された八〇円切手である。母子と議事堂の旧施行記念切手デザインを活かし、施行記念で東京を走った花電車の様子を加えた図柄になっている。これは、「りんごの唄（歌）」デザイン切手（八〇円）や「サザエさん」デザイン切手（八〇円）等と並べてシートとして発行されており、「日本国憲法施行」を戦後社会の風俗の一環ととらえたものといえる。

すでにとっくの昔に恐いＧＨＱもいなくなったのだから、戦後風俗の懐古であっても独立国家の記念切手発行の原則に戻って「日本国憲法公布」を取り上げたほうが適切であったのだがこれはすでに四年前に「戦後五十年メモリアルシリーズ第一集」で成し遂げられていたので、重複を避けてこうなったのだろう

「日本国憲法施行」デザイン切手

か。それともこれは、公布よりも施行のほうを重要視する法文化としては奇妙な考え方そのものが、占領下に法律学の常識に欠けるＧＨＱの軍人に押し付けられた特殊な政治風俗であったのだと主張したかったのだろうか。そうだとしたら相当に皮肉なことだが、ここまで考えるのはうがちすぎであろう。素直に考えれば、「戦争を知らない子どもたち」ならぬ「日本国憲法制定を知らない子どもたち」の官僚が憲法施行日を重視する戦後期の考え方を疑うことがなかっただけなのであろう。

こうして見てみると、日本国憲法関連の切手やはがきはどれもが微妙に奇妙である。日本国憲法制定一〇〇年記念切手はさてどんなデザインになるのであろうか。それとも日本国憲法はすでに全面改正されて歴史の屑籠に放り込まれているだろうか、あるいは、デジタル化による郵便離れがさらに進んで、記念切手という習慣そのものが消滅しているであろうか。

第六章　生き延びた旧憲法の制度

新憲法が制定された当時は、ＧＨＱによって、各方面で日本の改造が進められていた。第二次大戦中の政治犯の釈放、軍国主義者の公職追放、戦争犯罪人の追及、女性参政権の開始、その他、政治にかかわる事柄も多くあらためられていた。そうした中で、憲法制度にかかわる大日本帝国憲法当時の制度も抜本的な改革を迫られていた。ここでは、憲法に関係の深いものを見てみたい。

一　憲法公布手続きを司る「公式令」の運命

日本国憲法の発布は法律の公布手続きを定めた明治四〇年勅令第六号の「公式令」によって天皇の上諭を附して行われた。この上諭の案文は昭和二一（一九四六）年一〇月二九日の閣議で決定され、三一日の昼頃に吉田茂首相が宮中に参内して上奏し、天皇の裁可を得ていた。ところがその日の午後に、ＧＨＱから、決定済みの案文について As from the date of the enforcement of this Constitution, on 3rd May 1947, the Imperial Constitution together with the Edict of Promulgation shall be abrogated. という一文を入れるようにとの強い指示があった。政府はこれを日本国憲法施行と同時に「明治憲法は公布の詔勅とともに廃止されるべし」という意味だと解した。

これは困った事態であった。政府は日本国憲法と大日本帝国憲法との法的な連続性を強調して「公式令」に基づいて憲法改正の上諭を用いる手順を想定して準備していたのであって、その上諭の中で大日本帝国憲法は廃止されるといえば、日本国憲法は断絶の上に新たに成立したという受け入れがたい法理論になってしまう。そこで政府は、表向きはすでに天皇の裁可も得た後なので「遅すぎる（too late）」だという理屈でGHQの指示に従うことを拒絶した。

もう一つの問題は the Edict of Promulgation の廃止である。政府はこれを「公布の詔勅」の廃止と解したが、公布記念式典での「勅語」はその場の挨拶のような「おことば」であり、それを半年後に廃止しても意味がない。GHQが求めたのは、「布告に関する勅令」つまり「公式令」の廃止である。「公式令」に従って日本国憲法には天皇の「上諭」という国民主権の憲法としてはふさわしくない君主主権の前置きの文章がついているが、こういうやり方は今回限りで、日本国憲法が効力をもつようになったら、この手続きを定めた「勅令」は廃止で、だからこの日本国憲法の公布の「上諭」も廃止だということである。公布の「上諭」で半年後に大日本帝国憲法もこの「上諭」自体も廃止だと天皇の名でいわせる。このサディスティックなGHQの強い指示はさすがに実現されることがなかった。

だが、「公式令」は実際には「内閣官制の廃止等に関する政令」により翌年五月三日に廃止された。確かに、一つひとつの法律の冒頭に天皇の「上諭」がつくのは国民主権の国としてはいかにも変であるから、新憲法の施行と同時に廃止になったのは当然である。ただし、これは翌日からの新憲法下の立法手続きがそうなるという意味であり、過去に遡って以前に公布された憲法や法令についている「上諭」までを無効にして消滅させるものではない。したがって、「日本国憲法」についている「上諭」は消え去ることはない。

そして、政府はこの時に「公式令」に代わる公布手続きを国民主権原理の下で設定する新法を作ることができなかった。「公式令」の廃止を五月三日に迎えるので、直前の四月に「公文式令」という五月三日以降に用いる政令案を完成させたが、GHQが公布は法律事項だとして却下し、二カ月後に「公文方式法」に改めて再度許可を求めたが内容面で天皇の関与が強すぎるとして強硬に反対されて暗礁に乗り上げ、結局、七月一日に立法化の全面的な撤回を申し入れて失敗に終わった。

その後日本には法律の公布手続きを定めた法律は存在せず、もっぱら慣習によるとして、公式令第六条「法律ハ上諭ヲ附シテ之ヲ公布ス。前項ノ上諭ニハ帝國議會ノ協贊ヲ經タル旨ヲ記載シ親署ノ後御璽ヲ鈐シ内閣總理大臣年月日ヲ記入シ之ニ副署シ又ハ他ノ國務各大臣若ハ主任ノ國務大臣ト倶ニ之ニ副署ス」にいう天皇の「親署《しんしょ》」と「御璽《ぎょじ》ヲ鈐《お》シ」という手順に準じて行われることになった。天皇の署名、押印がされる「上諭」に代えて「公布書」が発明され、「公布書」には、「親署の後御璽をおし、内閣総理大臣が年月日を記入して署名すること」とされた。これで、象徴天皇制の「公布」は、天皇が「可」の一文字を書いた上で（軽微な事例では代筆させた）、署名をした立憲君主制の時期の「裁可」に似た所作になった。「公式令」はこうして実質的に生き延びたのである。

ただし、日本国憲法のもとでの天皇による署名と「御璽」の押捺は、大日本帝国憲法の「裁可」と同じくごく形式的なものである。天皇には法律の条文は知らされない。内閣から天皇に示されるのはその法律の表紙《おもてがみ》、「公布書」の書式である。確かに、天皇が法律の内容にまで目を通して署名するとなると大作業である。大きな法改正では関連する法律などは数十件、数千ページ、机上に積み上げると数十センチのボリュームであり、予算書、予算関連法律になると丸い数字が並んでいるだけで、議決に参加する国会議員も読んでいないといわれている。通常は、午前中の閣議で天皇による法令の公布への「助言と承認」がされると、その日の午後に天皇による署名と押印がされて公布されるのであり、この短時間で法令内容の全部に目を通すことは物理的にも不可能である。

二　元号「昭和」への逆風と消えた元号法案

日本を支配したＧＨＱは、天皇制を嫌っており、「昭和」という年号表記にも敵意を示していた。日本側は、それに従って、新憲法公布記念品の表記では、西暦だけを表記しており、「昭和」はかすんでいた。だが、日本の法令は年号表記であるから、これを西暦に直すことは困難であり、日本国憲法自体も、「昭和二十一年十一月三日」の公布と明文で示しており、一九四六年一一月三日の公布とは書かれていない。

大日本帝国では皇室の家法であった旧皇室典範は、日本国憲法第二条で「国会の議決した皇室典範」と国家法に改めることになり、新憲法の施行に合わせる憲法附属法の一環として新しい「皇室典範」が準備された。ただ、その際に、一世一元の年号の法的根拠を定めていた旧皇室典範第一二条「践祚《せんそ》ノ後元號ヲ建テ一世ノ間ニ再ヒ改メサルコト明治元年ノ定制ニ従フ」は、皇室の事項ではなく国家の事項なので新皇室典範から切り離して単独の法律とすることとなり、昭和二一年一一月に「元号法」政府案が閣議決定され、枢密院の審議に回された。

ところが、これと並行してＧＨＱ民政局に同法案の許可を求めたところ、ＧＨＱの担当者は、元号の使用が日本国民に常に天皇を想起させるとして強烈に非難して、すでに長年使用されてきた昭和という年号を使用することは慣習として認めたものの、元号に法律上の根拠を持たせることはいっさい認めなかった。ＧＨＱはさらに、この件での交渉そのものを記録から消滅させ、全関係書類を廃棄することを命じた。政府はやむを得ず同月に閣議決定を撤回して、枢密院で始まった審議も取り消し、書類を破棄していっさいを封印した。そのためにこうした経緯は長く秘密とされており、ずっと後になって、この件でＧＨＱとの交渉にあたった佐藤達夫が政府の憲法調査会で証言して関連資料を明らかにするまで、昭和二一年に元号法案が構想された事実も、法案の内容も、ＧＨＱとの交渉のあり様も分からなかった[25]。

こうして、「昭和」は法的な根拠のない「事実としての慣習」にとどまっていたが、昭和五四（一九七九）年に「元号法」が制定され、附則第二項で法的根拠が追認された。

三　国民の祝日

1　憲法記念日が五月三日である理由

憲法典や重要な法律の制定を記念するときは公布の日にこれを行う。日本では法律をその施行日に記念した例はない。憲法記念日は例外的で奇妙な日付になっている。

第二次大戦前の日本には、皇室行事に関連する祝祭日が勅令によって定められていた。日本を占領したＧＨＱは、昭和二〇（一九四五）年一二月一五日に「神道指令」を発して国家神道の廃止を指令した。その後、これを担当した民間情報教育局（ＣＩＥ）は、神道指令の趣旨を徹底するために戦前の祝祭日の廃止を指令した。これは当時のＧＨＱの宗教政策の一環であり、アメリカ側の関心は国家神道がらみの祝祭日の排除に集中していた。

昭和二二年の後半期以降に、戦前の祝祭日に代わる新しい祝日を定める機運が高まった[26]。政府は当初、勅令に代えて政令でこれを定めようとしたが、この年の年末に原案を衆参各院に示したところ、両院ともに法律事項とするように要求したので、政府と衆参両院の共同作業になった。担当したのは、「文化委員会」という担当官庁がない常任委員会（第三回国会の常任委員会再編成で廃止）となった。ＧＨＱ民間情報教育局はこの過程に当初から介入し、紀元節（二月一一日）、神武天皇祭（四月三日）、神嘗祭（一〇月一七日）などの復活を拒否した。

日本政府が昭和二二年一二月に示した新しい祝日案に憲法記念日があった。その日付は、法律文化の常識にそって、日本国憲法発布の日である一一月三日とされていた。民間情報教育局（CIE）はこれを支持して、当初はこの日に決まりかけていた。ところが、GHQ内の民政局が異をとなえた。昭和二三年六月七、八日に、民政局のオズバン・ホージ（Osborne Hauge、ホージは高柳賢三等の訳、ハウグ、ハウジ、ハウギとの訳もある）海軍中尉はウイリアム・ケネス・バンス宗教課長に電話して、「民政局は、一一月三日を憲法記念日とすることは思わしくないと思料しており、この件には重大な関心を示したい。民政局は憲法の発布における天皇の行為を記念することを欲しない。また、もし一一月三日が用いられるのであれば、今後永久に、この日における明治天皇の意義深さが憲法の意義を上回ってしまうであろうことを恐れるのである」とつたえた。

民政局のこの横車によって、すでに民間情報教育局も同意していた一一月三日憲法記念日という案は急きょ五月三日の施行の日を憲法記念日とする案にかえられた。民政局が示した反天皇主権の感情の強さと執拗さにおどろかされる。

2　一一月三日は日本国憲法発布記念日

日本側は、この民政局の指令を歓迎したわけではない。参議院の文化委員会では、世界に先駆けて戦争放棄の憲法を発布したのだから一一月三日をやはり憲法記念日として残したいという声が強く、GHQの指令なので文化の日とせざるをえないが、それならば単なる文化だけでなく、「自由と平和を愛し、文化

「文化の日」制定。日本橋を渡る箱根の大名行列（提供朝日新聞社）

「文化の日」制定。郷土芸能パレードと見物客（提供朝日新聞社）

をすすめる」日としたいと述べられている。政府が国民の祝日法の制定後に憲法普及協会を使って出した啓発パンフレットでも、文化の日は「新憲法が公布された昭和二十一年の『十一月三日』を記念する日です」と説明されている。結局この日は、栄光の明治時代を記憶にしっかりと残す日であるとともに、この日公布された日本国憲法の精神である自由と平和を愛し、文化芸術振興、文化国家で世界に立つ国になることを決意する日であるとされた。五月三日が表の憲法記念日であるとすれば、一一月三日は裏の憲法記念日である。

3　名称変更で生き残った旧憲法下の祝祭日

この際、憲法記念日以外の他の祝日の運命も見ておこう。

まず、敗戦前の「祝祭日」のうちで「祭日」は宮中の「大祭」「小祭」に由来するので、天皇制と国家神道が目立つのでダメになり「祝日」だけとなった。

一一月二三日は「新嘗祭《にいなめ》」であったが、「祭日」がダメなので「新嘗感謝の日」と変えられて、その後「収穫祭」「感謝の日」などと変化しつつ最後は「勤労感謝の日」（以下、「労」も併用）に落ち着いた。「勤労」は昭和前期（一九二六〜四五）の総力戦体制下の言葉である。大正時代（一九一二〜二六）までは「労働」であり、「労働者」「労働争議」「労働組合」であったが、昭和の総力戦体制時には、こういう私的な動機の「労働」という考え方や左翼的な「労働運動」は非難、処罰され、聖戦完遂、国民総動員の精神で国家の崇高な目的に奉仕する「勤労奉仕」「勤労動員」となった。したがってこの言葉は戦後には滅びるはずであったのに、日本国憲法第二七条は、「すべて国民は、勤労の権利を有し、義務を負ふ」としたので生きのびた。「勤労の権利」は妙な語感であり「労働の権利」のほうがよかったし、「勤労感謝の日」は「労働の日」(Labor Day)でもよかった。これなら一一月三日の「文化の日」とも平仄があっている。

戦前は春季皇霊祭、秋季皇霊祭であった三月の春分、九月の秋分は、当初はともに「子供の日」とされ、後に春分は「子供の日」で秋分は「親の日」、あるいは春分は「子供の日」で秋分は「若人の日」と工夫されたりもしたが、結局「春分の日」と「秋分の日」に落ち着いた。ここで弾き飛ばされた「子供の日」は、三月三日が女児の祝い、五月五日が男児の祝いなので男児の祝いの五月と女児の祝いの三日をとって五月三日とされる予定であったが、憲法記念日がこの日に割り込んできたのでもう一度弾き飛ばされ、五月五日の「こどもの日」としておさまった。

4 落選した新祝日候補日と滑り込んだ「母の日」

このほかに中途で消えた祝日候補がいくつかあった。花の日(花祭り)、労働祭(メーデー)、祖先の日(お盆)、国際親善の日(クリスマス)などだが、四月一〇日(女性参政権が初めて行使された選挙の日)の婦人の日、五月の母の日も途中で消えた。ただ、母の日に関しては五月五日の「こどもの日」にまぎれこんで、この日は法律の条文でも「こどもの人格を重んじ、こどもの幸福をはかるとともに、母に感謝する」日とされた。憲法普及協会の啓発パンフレット『國民の祝日』には「毎年五月五日には、全國民こぞつてこどもの人格をたつとび、その健康と成長を祝福するのです。同時に、こどもを育てるには、なんといつても

こどもの日（五月五日）
お母さんに感謝しましょう

「こどもの日（五月五日）お母さんに感謝しましょう。」（『國民の祝日』）

母親の力がいちばん大きいのですから母親への感謝をも忘れてはなりません」とあり、さらに祝日の行事として、「この日はこどもの日であるとともに、母親への感謝をあらわす日ですから行事の中にも、この母親への感謝をとり入れたいものです。アメリカでは『母の日』というのがあつて、この日は、母のある人は赤いバラの花を、母をなくした人は白バラの花を胸につけて母に感謝し、母を慕うならわしになつています」とされている。ここまで言うなら五月五日は「こどもと母の日」にすればよかったと思うが、さて、日本国憲法第二四条が、夫婦の「相互の協力」と両性の「本質的平等」をいうとき、子どもの保育は一方的に母親の仕事という性別役割分担を称揚していいのであろうか。「イクメン」の父親ならずとも一考を要するところである。

5　幻に終わった「平和の日」

このほかに、講和条約締結日を「平和の日」とする案も有力であったが、最終段階で消えた。もしこの日付未確定の祝日が法律で認められていたら、さて「平和の日」はサンフランシスコ対日平和条約調印の日、昭和二六（一九五一）年九月八日を記念する「九月八日」なのか、批准書交換が済んで効力がスタートした昭和二七（一九五二）年「四月二八日」なのか、それとも、これはまだ自由主義諸国との片面条約にすぎず、その後に中国とは平和条約にこぎつけたが、ソ連との平和条約が未締結だから、対ロ平和条約締結の日まで要件を満たしていないのか、どの日になったのであろうか。なお、韓国、北朝鮮との条約は講和条約ではないが、もしこれも視野に収めるのであれば、北朝鮮との関係の処理が完成するまで待たねばならないことになる。

四　文化国家の夢と文化勲章

第二次大戦に敗北した日本は、昭和二〇年九月初旬に早くも、文化国家としての再生を夢見るようになった。まだ占領軍による圧倒的なアメリカ文化の導入が始まる前であり、この「戦時国家」の「文化国家」化は、純粋に日本製の政治理念であった。そして、新憲法の検討が始まった際には、来るべき憲法は、主権在民と平和主義というアメリカ側から提示された二つの政治理念と、「文化国家」という日本側からの第三の政治理念のアマルガムになるはずであった。ここには、歴史上何度も「武」の力に屈しながらも

「文」の力で存続できてきた天皇制の巧みな処世術が再現されていた。しかし、GHQは「日本は本来は文化国家であって、侵略的な軍事国家は一部軍閥の暴走行為であった」という自己弁護を信用するほど、古い天皇制国家の政治体質に好意的ではなく、提示された憲法草案には「文化国家」の理念は含まれていなかった。憲法制定の前後には、天皇の数次の勅語、首相や有力議員らの発言で、繰り返し「今後われわれは平和の旗をかかげて、民主主義の礎の上に、文化の香り高い祖國を築きあげてゆかなければならない」（憲法普及會・芦田均）と強調されたのに、わずか数年で、その政治理念は立ち消えてしまい。「文化立国」は朝鮮戦争の特需景気を契機に「経済立国」に変質した。この、戦後社会の風景で終わってしまった「文化国家」を見てみよう。

1　新憲法三本柱の一つ、文化国家

昭和二〇年九月四日、第八八回帝国議会開院式における天皇の勅語に「朕ハ終戦ニ伴フ幾多ノ艱苦ヲ克服シ國體ノ精華ヲ發揮シテ信義ヲ世界ニ布《し》キ平和國家ヲ確立シテ人類ノ文化ニ寄與セムコトヲ冀《こいねが》ヒ」があった。この勅語は後になって注目され、平和国家という言葉はこの時初めて登場したものであり、日本国憲法第九条の平和主義の淵源はこの天皇の言葉にあり、決してGHQに押し付けられたものではないし、昭和天皇は平和主義者であったのだという歴史の再定義も生じている。

ここで注目するのはそこではなく、その後ろの「人類ノ文化ニ寄與セム」である。これが、文化国家という観念の萌芽であり、同年中に政府によってこの言葉が使われるようになった。

文化国家という観念は、辞書的に説明すれば、中村美帆の研究(27)が明らかにしているように、「警察国家・法治国家などに対して文化の発展・向上を最高指導理念とする国家」のことであり、一九世紀のドイツで提唱された。日本では、もう少し緩やかで、国家の進むべき目標という程度に使われている。昭和二一年三月五日の「憲法改正ヲ政府ニ鞭撻《べんたつ》スル勅語」では、「日本國民ガ正義ノ自覚ニ依リテ平和ノ生活ヲ享有シ文化ノ向上ヲ希求シ進ンデ戰爭ヲ抛棄シテ誼《よしみ》ヲ万邦ニ修《おさ》ムルノ決意ナルヲ念《をも》ヒ乃チ國民ノ総意ヲ基調トシ人格ノ基本的權利ヲ尊重スルノ主義ニ則リ憲法ニ根本的ノ改正ヲ加ヘ」とあり、昭和二一年一一月三日の日本國憲法公布記念式典において発した勅語には「自由と平和とを愛する文化國家を建設するやうに努めたい」とあり、昭和二二年六月二三日、日本国憲法施行後の第一回国会開会式の勅語には「われわれ日本国民が真に一体となって、この危機を克服し、民主主義に基づく平和國家・文化國家の建設に成功することを、切に望むものである。」とある。勅語の文章は内閣が輔弼《ほひつ》して作成されるのであり、文化国家は天皇の希望であるとともに日本政府の主張でもあった。

また、憲法草案を審議した帝国議会衆議院は、その議決時の附帯決議で「四、憲法改正案は、基本的人權を尊重して、民主的國家機構を確立し、文化國家として國民の道義的水準を昂揚し、進んで地球表面より一切の戰爭を驅逐せんとする高遠な理想を表明したものである。」とした。議会での憲法審議の立役者であった芦田均も、昭和二一年一一月四日、日本国憲法公布日の翌日のラジオ放送で「この憲法は、新しき平和國家、文化國家の基盤となるにふさはしい姿を備へてゐる」と述べ、昭和二二年五月三日の憲法施行日には「今後われわれは平和の旗をかかげて、民主主義のいしずえの上に、文化の香り高い祖國を築きあげてゆかなければならない」と述べている。文化国家は議会の主張でもあった。

日本国憲法の制定当時、文化国家は、民主主義国家、平和国家と並ぶ、新生日本の国家の基本的な性格を意味していた。日本国憲法の理念の重要な構成要素であったのである。森戸辰男はいち早く昭和二一年三月に「文化國家の建設」[28]をあらわし、片山哲も昭和二二年三月に、著書『民衆の幸福』[29]の中で「文化章は國民最高の名誉」「文化國家の要素」を述べ、東大法学部が総力を挙げて出版した日本国憲法の解説書『新憲法大系』シリーズでは、同学部の有力教授の一人、文部大臣、田中耕太郎が昭和二二年九月に執筆した『新憲法と文化』[30]が出版された。牧野英一は同年二月に『文化國家の理論』[31]をあらわし、高山岩男は戦争中に秘かに書いた「文化國家の理念」[32]を書物にした。この考え方は、さらに、教育界[33]、警察・消防界[34]、水道事業界[35]などでも広く議論されていて、当時の流行の論題であったことが分かる。

2　衆参両院に設置された「文化常任委員会」

日本国憲法の施行にともなって設置された国会には、衆参両院に「文化委員会」という常任委員会が設置された。ただし政府は、GHQの憲法草案に文化国家の趣旨が含まれていなかったことに敏感に反応して、帝国議会の議論などではこの言葉の使用を避けた。それだけに、文化国家の建設は占領軍の押し付けではなく、平和主義と同様に天皇自身の発意による日本国の基本国策であると言える余地が生まれたが、保守派もこの点を強調することは控えた。

だが、衆参各院の「文化委員会」は、いずれも、昭和二三年秋の第三回国会での常任委員会の所掌官庁別への再編成で、所掌事務を他の省庁別常任委員会に分散移管して廃止された。そしてこの頃から「文化政策」や「文化国家」という言葉は輝きを失っていく。天皇の国会開会式でのお言葉などではずいぶん後までこの語が用いられているが、実質性を欠く飾り文句になり、昭和二四年以降に文化都市という考え方が出てきたこともあり、いつの間にか消えていった。そしてその空隙に基本的人権の尊重が入り、今では憲法の三大原理と言えば国民主権、戦争放棄、人権尊重であることはだれも疑わない。その背後にあったのは、朝鮮戦争で生じた「特需」をバネにした経済復興であり、「経済立国」であった。

改めて考えてみれば、これは、憲法改正手続きもなく、さしたる議論もないままに憲法の三大基本原理の一つが消えてしまった大事件である。それがいつの間にか生じて、気がつけば今では「文化国家」という言葉も死語である。こんな幽霊話のような憲法改正もあるのかと驚かされるが、「日本国憲法」の条文上には文化国家を表す文言はないのだから、改正の手続き抜きに消滅させても憲法違反ではないということになるのだろう。

私は、早期に「文化国家」の理念が消えたことを残念に思っている。日本という国は、京都の朝廷を頂点とする単一の民族文化の国という観念のもとに運営されてきた長い歴史があり、江戸時代にはそれが江戸の将軍家を頂点とするものと考え直された。いずれにせよ、日本の文化は単一なのであり、複数の文化が共存する国というイメージは押さえつけられてきた。代表的なのは、東北、北海道の先住民族、アイヌの文化の抑圧であるが、「単一民族文化国家神話」が支配的な日本で、それを内省し、多民族文化社会であることの承認に転換する好機が日本国憲法のもとでの「文化国家」理念の中にはあった。だが、「文化国家」は短命で終わり、日本国憲法第二五条第一項にある「健康で文化的な最低限度の生活を営む権利」も、単一の文化の中で生きる権利とされ、「多文化共生社会」の国、日本という理念はなかなか根付かなかった。

3　生き延びた「文化勲章」

日本国憲法制定という暴風雨を潜り抜けて、「大日本帝国」当時の制度がそっくりそのまま生き残ったものがある。文化勲章である。それなりにややこしい経緯がある。

文化勲章は、昭和一二（一九三七）年に、文化勲章令によって新設された勲章である。大日本帝国憲法第一五条は「天皇ハ爵位勲章及其ノ他ノ栄典ヲ授與ス」と天皇の栄誉大権を認めていたが、授勲の歴史は憲法制定よりも古く、明治初年の太政官布告にさかのぼる。そして、明治年間に多くの勲章制度が誕生したが、芥川龍之介が喝破したように、胸に勲章をぶら下げたがる軍人が欲しがる「武」の国でのご褒美の制度であり、特に金鵄《きんし》勲章は、時には命と引き換えにして授与される名誉の印とされていた。それに比較すると文化勲章令（昭和一二年二月一一日勅令第九号）は「文化勲章ハ文化ノ發達ニ關シ勲績卓絶ナル者ニ之ヲ賜フ」と、初めて文化の人を顕彰する趣旨の珍しい勲章であった。同年の第一回の受勲者には、長岡半太郎（物理学）、本多光太郎（金属物理学）、木村榮（地球物理学）、佐佐木信綱（和歌・和歌史）、幸田露伴（小説）、岡田三郎助（洋画）、藤島武二（洋画）、竹内栖鳳（日本画）、横山大観（日本画）が名を連ねている。

第二次大戦の敗戦後、日本では、天皇制の廃止に伴って天皇から下賜される勲章の制度も消滅するのではないかという不安が生じていた。軍国主義の象徴である金鵄勲章が廃止されるのは致し方ないが、国と

文化勲章

しては授けた名誉の印が消滅するのは耐え難く不名誉なことである。

ここで日本政府が打った手は興味深い。政府は、昭和二一年二月一一日の紀元節に、中田薫（法制史・日本法制史）、宮部金吾（植物学）、俵國一（金属学）、仁科芳雄（原子物理学）、初世梅若万三郎（能楽）、岩波茂雄（出版）に文化勲章を授与した。文化勲章を授与する日はそれまでは固定されておらず、さまざまな日に行われていたものの、二月一一日の紀元節に授与した先例はない。政府は、日本という国の建国の本義は武力と戦争ではなく学術と芸術の振興にあり、天皇はそういう平和な文化の体現者であると主張したかったのであり、紀元節は、主旨が神権天皇制と軍国主義に置かれていた前年までのものとはすっかり模様替えして文化の紀元節となった。すでに敗戦直後から、天皇や政府は、これからの日本は文化国家として世界に立つと主張していたが、その動きと軌を一にする授勲であり、軍国主義から決別し、平和な文化国家となるのが日本という国の本然の姿であるという弁明をアピールしているのである。中田薫、宮部金吾、俵國一、仁科芳雄、初世梅若万三郎、岩波茂雄などの人材は都合よく出汁《だし》として使われている。GHQにも評判の悪くない文化勲章を先頭に立てて天皇の文化イメージを高め、勲章制度の存続を既成事実化する作戦はうまくいったのである。

しかし、皮肉なことに、この日の数日後にＧＨＱは憲法典の抜本的な改正を命じ、大日本帝国憲法の栄誉大権の消滅を命じた。そして、できあがった日本国憲法では、栄誉大権は第七条第七号「栄典を授与すること。」という天皇の国事行為の一つに縮減された。ただ、大日本帝國憲法での天皇の任命大権や刑罰大権は日本国憲法では内閣の権限による決定の認証（Attest）という国事行為の権限に封じ込められたのに対して、栄誉大権だけは例外的に天皇自らが主体となって与える大権としての趣旨が生き続けて、Award honors と規定されている。ＧＨＱの軍人たちも、勲章は政府ではなく君主から貰うものと思っていたのであろう。なお、第一四条第三項には「榮譽、勲章その他の榮典の授與は、いかなる特權も伴はない。」と定められ、勲章にはつきものの年金が廃止された。

ＧＨＱが金鵄勲章は廃止だがその他の勲章は廃止しない意向であるとわかって、日本側は、日本国憲法下での国民主権にふさわしい新しい栄典制度の検討に入った。昭和二三年の第二回国会に閣法としての「栄典法案」が提案された。同法案では、第一条で「國家公共に対し著しい功労のある者」を表彰するため一級から五級の勲章を新設して授与することとし、さらに、これと別に第一条第三項で「文化の発達に関し特にすぐれた功労のある者」には文化勲章を授与すると定めた。また、「國家公共に対し功労のある者」への功労章（第二条）、「自己の危難を顧みずに人命を救助した者、孝行その他徳行の著しい者及び私財の寄附又は労力の提供により公益のため著しい貢献をした者」への善行章（第三条）も定めた。同法案ではさらに、「表彰にあわせて賞金又は賞杯を授與することができる」（第五条）とした。

同法案は六月一〇日に衆議院に提出され、同月一一日文化委員会に付託、同月三〇日同委員会で起立総員により原案可決、七月一日に本会議で異議なし確認により全会一致で委員長報告のとおり原案可決、参議院へ送付という手順を踏んだ。保守から革新まで全政党が賛成し、賞金付与は特権の付与だから憲法違反であるという異論が全く出なかったことは当時の国会議員の意識を物語っている。だが、参議院では、七月一日衆議院から受領、同日文化委員会に付託したもののすでに会期末であり、同月五日会期終了により審査未了、廃案となってしまった。

この後、同法案は、昭和二七（一九五二）年、昭和三一（一九五六）年と二回立法が試みられたがいずれも廃案に終わった。そのために、勲章制度全般は明治八（一八七五）年の太政官布告第五四号、文化勲章は大日本帝国憲法下の勅令が法的根拠という古めかしい制度のままに運営され続けた。日本国憲法のもとで太政官布告が有効に機能したのである。一三世紀のマグナカルタが二〇世紀でも実定法として有効だとしたイギリスにはかなわないが、なんとも古めかしい奇妙な例である。

このような経過で、結局、文化勲章は、大日本帝國憲法当時と同じように、天皇が旧勅令を根拠に自ら主体となって授与する制度として生き残った。後日談には、憲法第一四条第三項の禁止規定をかいくぐって勲章の年金制度を復活させた裏技や、栄典法の制定をあきらめた政府が憲法第七条第七号を直接に執行する政令事項であるという奇妙な憲法解釈に転じたことや、女性軽視の制度の改正が行われたことなどあるが、それはまた別の話である。

第七章　新憲法記念映画

日本国憲法の普及活動の一環として、三本の映画が制作された。発端は憲法普及會会長の芦田均で、三大映画会社の社長を呼んで、「男女同権」「主権在民」「戦争放棄」のテーマを各社に割り振って、憲法施行の時期までに制作するように求めた。制作費用は憲法普及會が負担した。各社はこれを受けて一般の映画としても魅力があって興行的に成功するように鋭意努力して制作した[36]。またこのほかに、児童用短編映画と記録映画も作られている。なお、昭和二二年五月の理研映画社「文化ニュース」に「クランク進む憲法記念映画」として三社の映画の画像の一部が紹介されている。

一　「情炎」（松竹映画会社）

敗戦後の日本でもっとも早くに女性解放の映画を制作した監督は松竹の溝口健二で、「女性解放三部作」を手掛けて、昭和二一（一九四六）年に「女性の勝利」を、また昭和二二（一九四七）年に「女優須磨子の恋」を制作した。この実績があったからであろうか、映画会社松竹が「男女同権」映画を引き受けた。

映画「情炎」
(『新映画』昭和22年5月号)

映画「情炎」の脚本は、戦前のプロレタリア芸術運動の闘士、久板栄二郎《ひさいたえいじろう》が担当していた。監督はやはり左翼の渋谷実であった。当時の映画界では、監督は制作の全権を掌握していて、その意向は絶対であったが、この映画の場合は、久板は渋谷に劣らない大物であった。久板と渋谷は、当初は相談しあって意見を一致させて良好な関係で制作が準備された。ところが、会社の経営者たちも加わった脚本読み合わせ会の翌日、会社側から久板のシナリオは不適切であるとして改作が命じられた。映画のテーマは「男女同権」で変わらないが、新憲法に盛り込まれたのは、憲法第一四条がいう「政治的、経済的又は社会的關係」における差別の禁止と、第二四条がいう「婚姻及び家族」の生活における平等とがあった[37]。久板の脚本はそれの全体に配慮したものであったが、会社側の狙いはもっぱら家庭内の男女の平等と夫婦の愛情の軌跡を描くことにあった。久板は猛烈に反発して脚本の修正を拒否したので、会社はゴーストライターに修正をさせた上で脚色・久板と名前を残すことを考えたが、久板にそれも拒否されたので、やむなく降板させ、そこに若いシナリオ作家の新藤兼人をあてはめた。新藤兼人は溝口健二の「女性の勝

映画「情炎」

利」の脚本を共同で制作しており、女性の解放に理解がある仕事の経歴がこのにわかなピンチヒッター役にふさわしく思われての登用であろう。結局、新藤はこの映画の脚本担当として改作を実行し、渋谷は修正を受け入れて監督をつづけ、映画の制作は期日に間にあって完成した。久板は名前だけが原案担当者として残された。三本の新憲法記念映画の中では上映の機会が一番多く、興行的には成功したが、制作の趣旨が不鮮明で映画作品としては成功していないという批評もあった。

　ところが、映画の完成、上映後に、久板自身が雑誌に寄稿して、経過を暴露して抗議したのでトラブルが表面化して大騒ぎになった。会社側の処置の是非をめぐる久板一人と渋谷ら多数の論争になり、両者の主張は対立したままで論争は立ち消えになったが、新藤は大先輩の脚本作家の作品に本人の意向に反して手を入れたとして職場で激しく非難され、会社内で「人民裁判」、吊し上げ集会にさらされた。新藤は、自分は久板が了解しているという会社側の説明があった上で少し手直ししただけだと苦しい弁解をしたが、憲法の趣旨をねじ曲げる検閲まがいの行為になってしまったことは否定できない。

新藤はこの作品に関与したことを反省して恥じたのか、自らあらわした生涯の脚本一覧リストに同作品を載せていない。私は、制作会社の松竹に調査を依頼したことがあるが、通常の作品と異なる委嘱制作作品であったからか、この映画の記録も原盤も保存されておらず、制作にもちいた脚本だけがたまたま残っていた。つまり、新藤兼人の関与は、映画フィルムそのものとともに煙のように消えたのである。おとぎ話であれば新藤はなんとか逃げ切れてめでたし、めでたしという終わり方になるが、その心中も推測することしかできない。

なお、GHQの映画検閲があり、この映画も後述の「戦争と平和」のように完成作品の一部が削除されている可能性があるがフィルムが見つからなくて確認できない。テレビ局TBSの緑山倉庫には残されているという情報があるが、外部の者には貸し出しがないし、TBS自体が復元させる計画もまだなさそうである。フィルムの劣化が進む前に復元しておいてもらいたいと願っている。

二　「壮士劇場」（大映映画会社）

この映画は、映画会社大映が担当した。監督・稲垣浩、脚本・八尋不二、主演・阪東妻三郎、入江たか

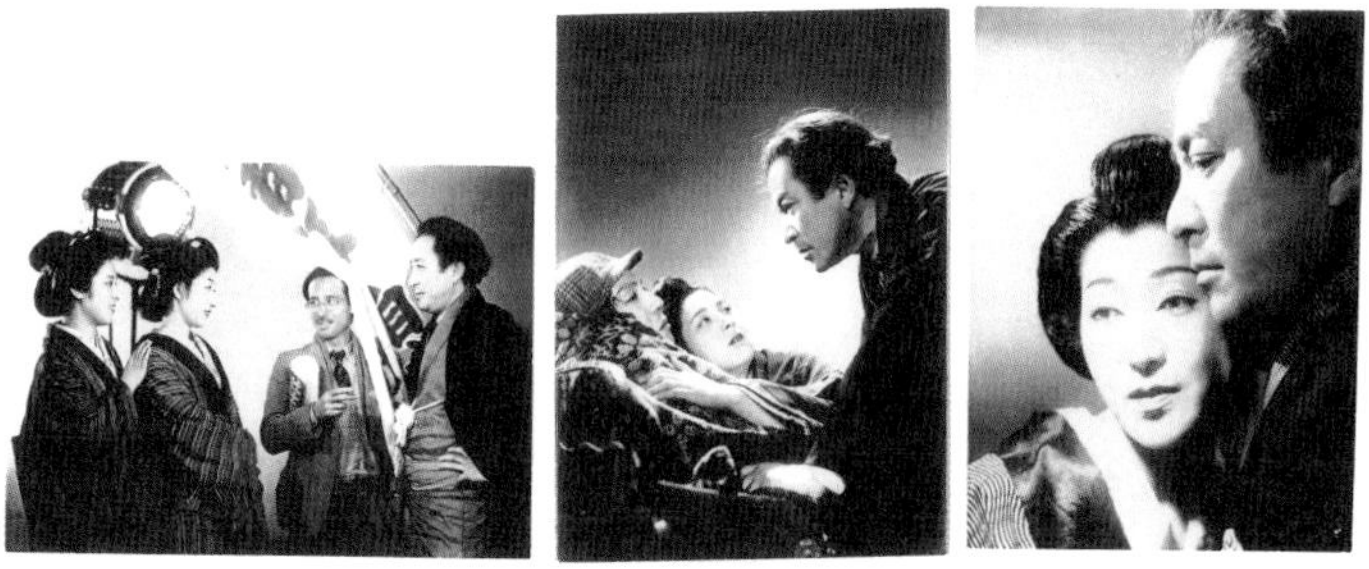

映画「壮士劇場」

子で制作された。割り当てられたテーマは「主権在民」であったが、実際は明治時代の自由民権運動を題材にしている。主張する所もわかりやすく、短期間の制作日数なのによくまとまっていたし、主演の阪東妻三郎、入江たか子の人気もあって興行として成功した。ただ、これは明治期の自由民権運動の再評価になっていても、それと日本国憲法の「主権在民」や「民主主義」がどう関係するのかはよく分からない。あるいは、現代の話で映画にすると「国民主権」が輝きすぎて「君民共治」が色あせるのを嫌ったのだろうか。この作品は後にビデオ化されて販売された[38]ので、今でも鑑賞することができる。

三　「戦争と平和」（東宝映画会社）

この映画は、映画会社東宝が担当した。演出・山本薩夫、亀井文夫、脚本・八住利雄、主演・池部良、岸旗江、伊豆肇で制作された。主題は「戦争と平和」だが、制作日数、経費などの面から戦争そのもの、戦闘場面は亀井の旧作品のフィルムをそのまま転用していて、新しく作られたのは、戦死とされていたのに生き残って復員した兵士とその

映画「戦争と平和」

妻、彼女が夫の戦死の通知後に再婚した相手（夫の友人）という三者のもつれた愛憎の関係を、いずれも戦争の被害者であるとして描くものであった。三社の映画の中では封切りが一番遅れて七月にずれこんでしまった。制作関係者が左翼、急進的で有名だった東宝映画会社労組の組合員だったのがＧＨＱに不評で、検閲当局からの許可がなかなかおりなくて会社側は困っていた。注文主の憲法普及會もＧＨＱの意向を知ってこの作品を冷遇して、検閲当局に自分たちもこの内容には不満であって支持できないと密告して弁解したり、三本の映画を作品完成後に買い上げて全国に貸し出したりしたのだが、「戦争と平和」は貸し出した回数がとくに少なかった。しかし一般の映画館での評判はよかったし、興行的にもうまくいったようで、映画雑誌『キネマ旬報』では高い評価を得ていた。この映画評を基礎情報にして平成年間に展開された「東京国立近代美術館フィルムセンター」（現在は「国立映画アーカイブ」）の優秀映画鑑賞推進事業の一環に取り上げられて各地で再上映されていて、今日でも内容を知ることができる。

この映画で敗戦後の社会生活を描いている場面は、同時代の風俗を一流の撮影技術を駆使して制作しているので、下手なドキュメント番組や後世のドラマ映画などでは到底及ばない迫力がある。ただ、当時パンパンと呼ばれていた売春女性が営業している場面やバンドの生演奏でダンスに興じるキャバレーの場面などには、当時は大のお得意様だった占領軍の軍人、兵士や「第三国人」の姿は一切なく、日本人のにわか成金たちの乱行しか描かれていない。この映画はＧＨＱの検閲で三〇分以上カットされたと伝えられているが、戦闘的な左翼の映画人がこのような現実味のない場面にするはずはないので、占領軍関係者が客として登場していた売春や遊興の場面はＧＨＱにカットされたと思われる。

四　「仲よし子よし」（ファースト映画社）

この児童用の映画は憲法普及會が制作したものではなく、民間で制作されたフィルムを買い上げて利用しようとしたものであるが、都市の空襲被害が大きかった当時の社会事情では、映画館以外の場所での講演会や音楽祭、演劇祭などで上映することは、機材不足で容易ではなかったようである。そのために、この映画の貸し出しはそれほど多くはない。フィルムは残存していない。

五　「新憲法の成立」（日本映画社）

これはドキュメンタリー映画である。制作にあたって憲法普及會が深く関わったが、完成した後は、一般の映画館では上映できなかったのでほとんど活用されなかったようである。記録では憲法普及會本部事務局がフィルムを買い上げて外部に貸し出したのは全期間を通じてわずか四件であった。フィルムは日映アーカイブにある。

第八章　新憲法のテキスト

新憲法が成立してまず必要になったのが、この憲法のテキストである。政府は官報のほかに、憲法条文を載せた小冊子を発行したし、突然に違憲審査権を与えられた裁判所も執務の資料として冊子を配布した。民間では、有斐閣の六法全書別冊としての発行が早かったと思う。

もう一つ注目されるのは「点字版日本国憲法」を視力障碍者の全家庭に配布したとする憲法普及會の説明である。その実相も見てみたい。

一　『新憲法の解説』（内閣發行）

これは、表紙に「法制局閲　新憲法の解説　内閣發行」とあるように、吉田茂内閣の内閣書記官長林譲治が、法制局の渡邊佳英、佐藤功に資料の整理を命じて、言論人の山浦貫一に執筆させた公式の政府見解の解説書であり、憲法公布の日に、吉田茂首相、金森徳次郎憲法問題担当大臣の序文も添えて出版された。定価は五円である。これには日本国憲法の「上諭」を除く全文が収録されており、国民は、同日付の官報

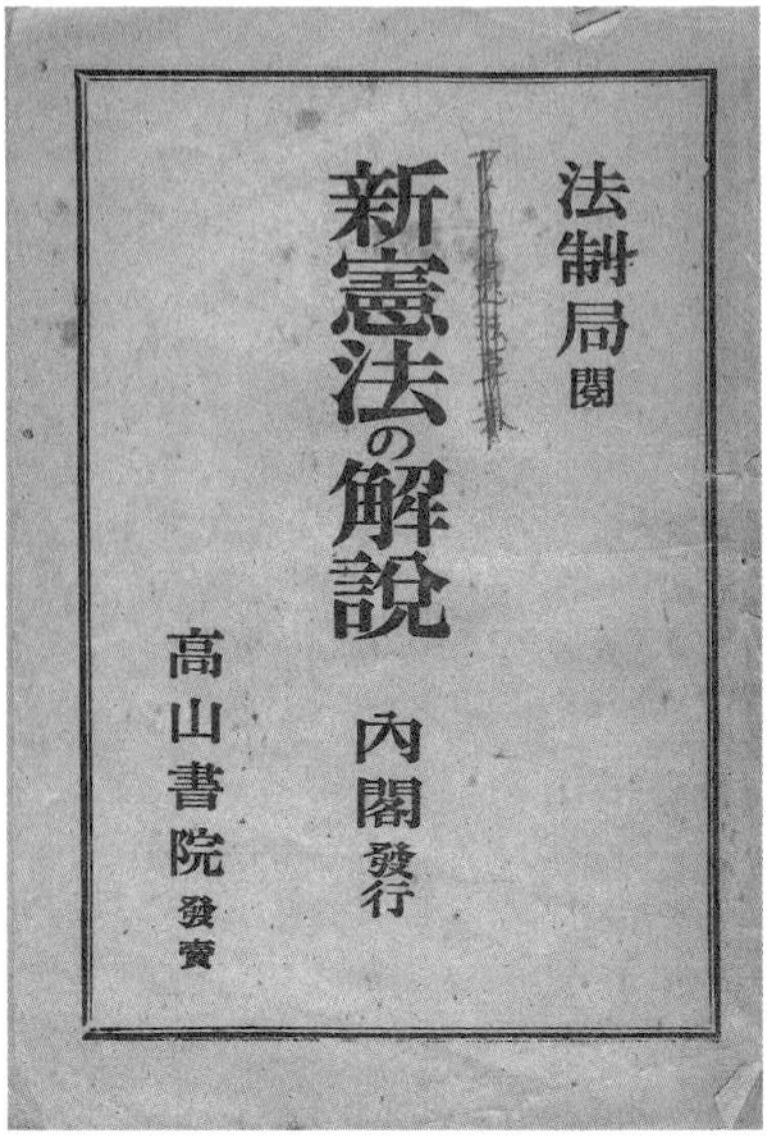

『新憲法の解説』（内閣發行）

を読めれば別だが、一般には日本国憲法を読む最初の機会を得たことになる。

この書の内容は微妙に面白い。吉田首相は、「新日本の世界に於ける平和的使命と文化國家としての出發は茲《ここ》に始まり」と言うだけであり、林内閣書記官長は「ここに民主的、平和的、文化的日本建設への指標が示された」と述べ、金森憲法担当大臣は天皇制や国体の問題について自説を述べる一方で、この書について「内容が完備してゐるか、解釋が正しいか等は主たる問題ではない」と冷ややかである。一方で、渡邊佳英、佐藤功は、吉田も金森も林も触れていない「文化国家」を無視する一方で、三名がいずれも触れなかった「基本的人権」について、新憲法の三大柱の一つとしてその重要性を力説する。この書はおよそ他の文献史料からの引用が少ないのであるが、渡邊、佐藤の基本的人権についての説明はほとんどフランスの人権宣言とアメリカの独立宣言の紹介に終始しており、特に後者については、異例に長々と引用している。関係者の間での認識のずれが一読して異様な印象をあたえる。

なお、ＧＨＱは、この小冊子の全文を翻訳させてチェックしている。日本語の書籍に関するＧＨＱの検閲には日本語の原稿による事前検閲と、出版された書物で行う事後検閲とがあり、いずれも日本人がGHQに雇用されて検閲官の下請けとして文章を削除したり発表を禁止したりしていたのだが、『新憲法の解説』はさすがに手を抜かずに英語に翻訳させてGHQ自身が検閲している。渡邊と佐藤がことさらにアメリカ独立宣言に触れたのはGHQの検閲が念頭にあって、新憲法は主権在民、平和主義、文化国家建設だと考えている吉田、金森、林の述べるところだけでは、基本的人権の使徒となっている民政局のハッシーあたりが激怒してトラブルになりそうなので、小冊子の記述全体のバランスを回復させたかったのではなかろうか。また、吉田が言及した新憲法の三本柱の一つ、「文化國家」の創造に一言も触れず、いわば首相の言説を無視した渡邊や佐藤が、輸入理念ではなく純国産の理念で、またそれゆえにGHQ草案に基づく新憲法中に登場しない「文化國家」の理念を取り上げることのどこに違和感があったのかも興味ある論点である(39)。

二　『英和対照　日本國憲法』（最高裁判所事務総局連絡局）

最高裁判所事務総局にはGHQとの関係を扱う「Liaison Section」が設置されて、そこでの執務のために、英和対照の日本国憲法が発行された。英語版の原本は英語版官報であるが、大本は日本政府がGHQに提出した英文憲法である。当時の表記は「和英対照」であったが、最高裁だけは「英和対照」で、まるで英文の日本国憲法が原本であるような扱いである。GHQに過剰に迎合した卑屈な印象がある。

三　『日本國憲法』（有斐閣）

日本国憲法公布直後、昭和二一年一二月二〇日に、法律書の出版社、有斐閣が制作したテキストである。「昭和二十一年十一月三日日本國憲法公布記念式典において賜はつた勅語」に始まり、「上諭」を含めた憲法の全文が掲載されているが、各条文の見出しは付いていない。日本国憲法には条文の見出しはなく、現在、六法全書に載っている条文見出しは出版社の利用者サービスである。有斐閣は『分冊六法／憲法（正文）』の補充として大急ぎで作成、販売したので、条文見出しのサービスにまでは手が回っていない。同社の商品としては唯一の条文見出し抜きの日本国憲法ということになる。公布記念式典における勅語が掲載されているのも珍しい。勅語は法令ではないので、その後は削除されたのだが、前述したようにその末尾に「自由と平和とを愛する文化國家を建設するやうに努めたいと思ふ。」という天皇の肉声があるので、削除は惜しかったとも思う。定価は一円である。

『英和対照　日本國憲法』
（最高裁判所事務総局連絡局）

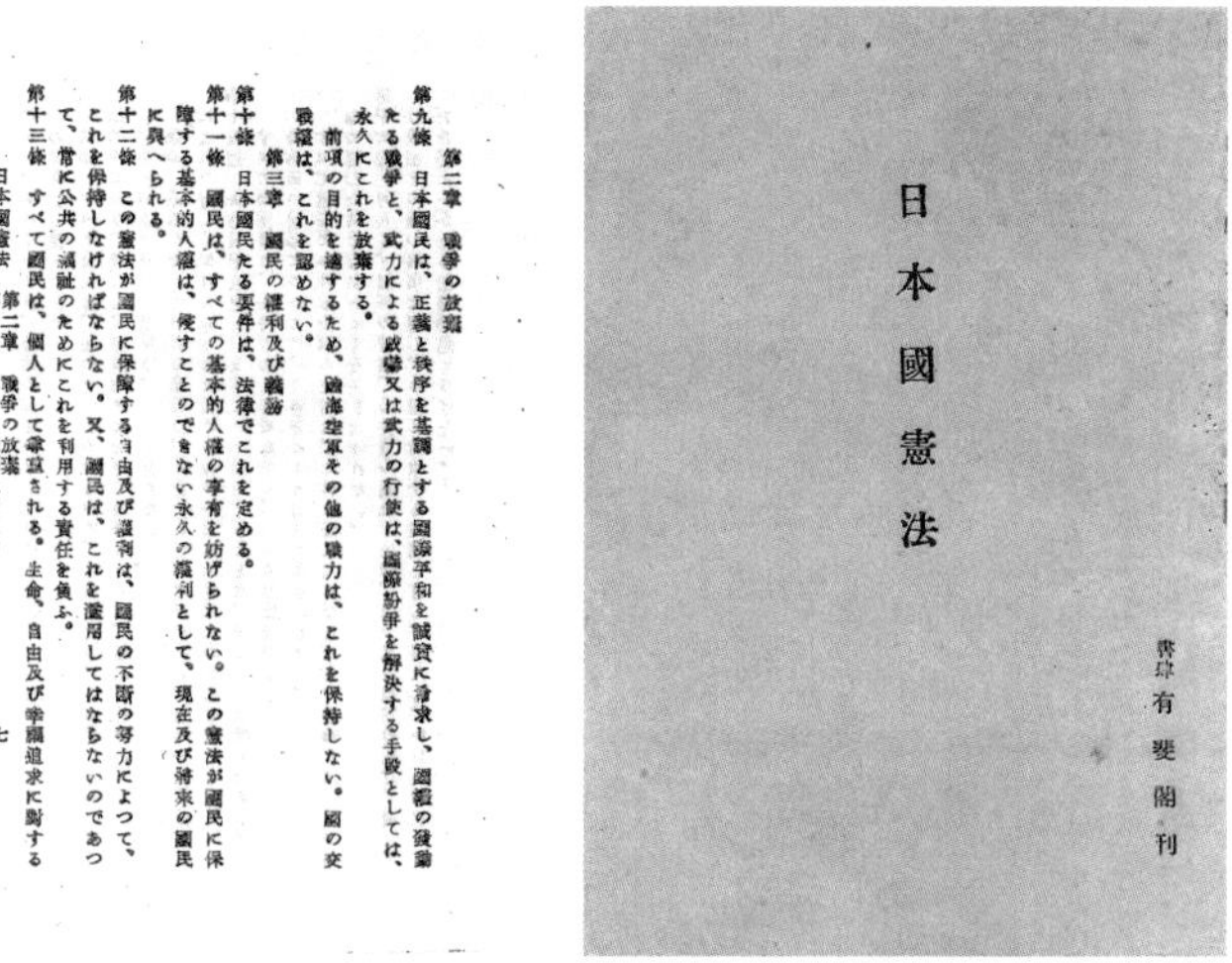
第二章　戰爭の放棄
第九條　日本國民は、正義と秩序を基調とする國際平和を誠實に希求し、國權の發動たる戰爭と、武力による威嚇又は武力の行使は、國際紛爭を解決する手段としては、永久にこれを放棄する。
前項の目的を達するため、陸海空軍その他の戰力は、これを保持しない。國の交戰權は、これを認めない。
第三章　國民の權利及び義務
第十條　日本國民たる要件は、法律でこれを定める。
第十一條　國民は、すべての基本的人權の享有を妨げられない。この憲法が國民に保障する基本的人權は、侵すことのできない永久の權利として、現在及び將來の國民に與へられる。
第十二條　この憲法が國民に保障する自由及び權利は、國民の不斷の努力によつて、これを保持しなければならない。又、國民は、これを濫用してはならないのであつて、常に公共の福祉のためにこれを利用する責任を負ふ。
第十三條　すべて國民は、個人として尊重される。生命、自由及び幸福追求に對する
日本國憲法　第二章　戰爭の放棄　第三章　國民の權利及び義務　七

日本國憲法
書肆有斐閣刊

『日本國憲法』（有斐閣）

四　『The Constitution of Japan』(Newsweek, Tokyo Bureau)

ニューズウィーク東京支社が発行した英文の日本国憲法のテキストである。昭和二二年に発行されている。巻頭にマッカーサーのメッセージの抜粋と、なぜか、貴族院議員、帝國憲法改正案貴族院特別委員會委員長、元文部大臣である安倍能成の文章が載っている。巻頭と巻末には東京銀座、新橋あたりで宝石や美術骨董品、楽器、カメラなどを商う骨董店や自動車修理会社など、占領軍御用達の商売の広告が並ぶ。それにしても、宝石、美術骨董品、楽器、カメラなどの骨董商人の広告に挟まれて日本国憲法があるというのは、アメリカの行った違法な都市爆撃の攻撃を辛うじてしのいで焼け残った日本人家庭の資産を安く買い叩いて占領軍の軍人兵士に高く売

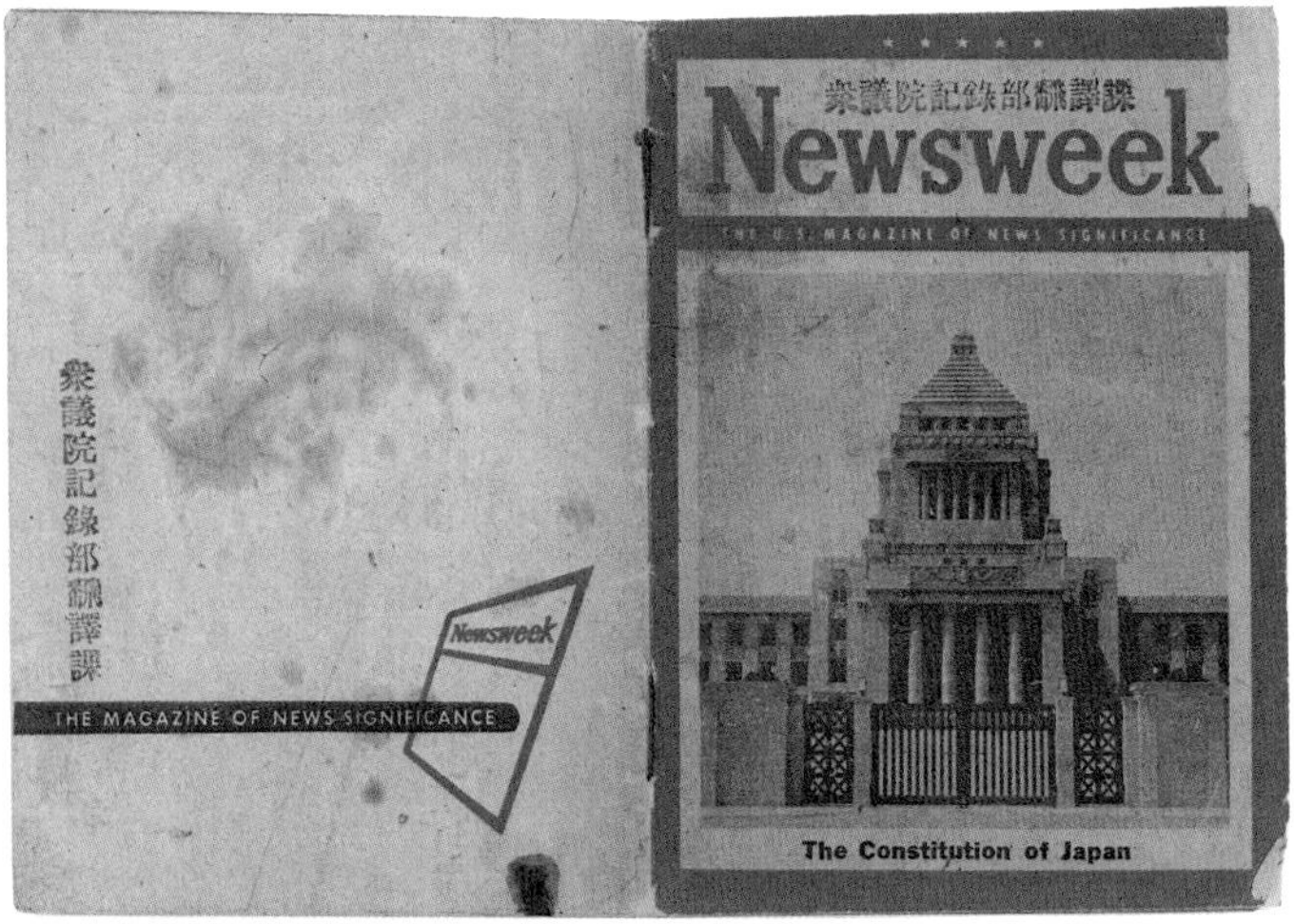

“The Constitution of Japan”（Newsweek, Tokyo Bureau）

り込もうとする情景をほうふつとさせる。当時の東京の支配者と彼らに迎合する現地人という雰囲気を物語っていてもの悲しい。ここにはまだ、戦後復興に向けた日本人、日本社会の力強い足音は感じることができない。

五　『The Constition of Japan 和英対照日本國憲法』（研究社）

英語関連の出版で名高い研究社が、日本国憲法公布直後の昭和二一年一二月一日に刊行したテキストである。表紙裏に、「和文英文共に昭和二十一年十一月三日附官報及び英文官報 Official Gazette に拠る」とある。民間で発行された英文憲法としては時期が早い。定価は五円である。

ここに言う「英文官報 Official Gazette English Edition」とは、アメリカ軍が日本を占領している

"The Constitution of Japan" (Newsweek, Tokyo Bureau)

OFFICIAL GAZETTE

ENGLISH EDITION GOVERNMENT PRINTING BUREAU

EXTRA SUNDAY, NOVEMBER 3, 1946

IMPERIAL RESCRIPT

Today, following an overall revision of the Imperial Constitution, I have caused the Constitution of Japan based on the universal principles of mankind to be promulgated. I rejoiced that the corner-stone of a peaceful and thoroughly democratic State has been firmly laid by this Constitution.

I have ordered the Government on this occasion to grant the Imperial Amnesty. It is my desire that all those concerned, appreciating the significance thereof, will attend to their respective affairs.

Signed: HIROHITO, Seal of the Emperor

This third day of the eleventh month of the twenty-first year of Showa (November 3, 1946)

Countersigned:

Prime Minister and concurrently Minister for Foreign Affairs		YOSHIDA Shigeru
Minister of State	Baron	SHIDEHARA Kijuro
Minister of Justice		KIMURA Tokutaro
Minister for Home Affairs		OMURA Seiichi
Minister of Education		TANAKA Kotaro
Minister of Agriculture and Forestry		WADA Hiroo
Minister of State		SAITO Takao
Minister of Communications		HITOTSUMATSU Sadayoshi
Minister of Commerce and Industry		HOSHIJIMA Niro
Minister of Welfare		KAWAI Yoshinari
Minister of State		UEHARA Etsujiro
Minister of Transportation		HIRATSUKA Tsunejiro
Minister of Finance		ISHIBASHI Tanzan
Minister of State		KANAMORI Tokujiro
Minister of State		ZEN Keinosuke

IMPERIAL ORDINANCE

I hereby give My Sanction to General Amnesty Ordinance and cause the same to be promulgated.

Signed: HIROHITO, Seal of the Emperor

This third day of the eleventh month of the twenty-first year of Showa (November 3, 1946)

Countersigned:

Prime Minister and concurrently Minister for Foreign Affairs		YOSHIDA Shigeru
Minister of State	Baron	SHIDEHARA Kijuro
Minister of Justice		KIMURA Tokutaro
Minister for Home Affairs		OMURA Seiichi

— 1 —

Official Gazette（1946.11.3）

期間、占領軍の便宜のために官報を翻訳して数百部を提出していたものである。占領軍との関係ではこれが正規の官報となる。ところが、ここに日本の官僚の智恵が加えられて、法令や決定の内容がＧＨＱの指令を逸脱していると叱られないように、微妙な訳語が選ばれて、軍人たちに好ましく見えるようにゆがんで伝えられた。時には意図して異なった内容に「誤訳」したこともある。ＧＨＱは Official Gazette を見て自分たちの指令が法律化されたと思っているが、日本語版の官報には、日本側、政府に都合のよいように微妙に言葉がちがう法律が載っている。日本国憲法そのものもそうした操作の代表的な事例であり、官報の日本語版と Official Gazette の英語版には内容的なずれがある。英語関連の出版社である研究社としてはこの「誤訳」を見過ごすことができなくて、誤訳、曲訳は自社の責任ではないという気持ちでこうした奇妙な断り書きをくわえたのであろうか。

日本が講和独立すると、「Official Gazette English Edition」の多くは政府によって回収されて廃棄された。日本国内にはわずかに数セットしか残されておらず、日本国憲法史を研究する専門家でもこれを見たことのある者は数名で、ほとんどの研究者は英文官報という存在それ自体も知らなかった。研究社は、思いがけずに、憲法制定当時に正規の英文官報 Official Gazette が存在していたことを証言した珍しい目撃証人になってしまった。なお、その後、国立国会図書館と名古屋大学が相次いでこれをデジタル化して広く公開した。これで「Official Gazette English Edition」は幻の史料の状態を脱して研究にも利用できるようになった。

なお、政府が発行した正式の外国語版「日本国憲法」は長い間存在しなかった。ふつうはＧＨＱに提出した英語版を用いているが、仏語、露語、西語、中国語などの国連公用語のものさえ不備であった。私も、以前に国外で行われる国際的な研究会等で「日本国憲法」に触れる際には、よく現地の日本領事館に行って現地語訳の「日本国憲法」を求めたが、断られるか、非公式のものですがとして民間団体や現地の研究者個人の試訳、私訳を提示されることが多かった。特に困ったのはアジアの国々の言語で、韓国語、中国語、タイ語などのものがないのは本当に不便だった。最近では、インターネットで探せば容易に見つけることができるようになって便利である。なお、平成二五（二〇一三）年刊の岩波現代文庫『あたらしい憲法のはなし 他二篇』[40]には「英文対訳日本国憲法」と題して英訳の「日本国憲法」が掲載されている。日本語がわからない人が「日本国憲法」を知るのに便利である。ただ、研究社版のように典拠が示されてはいないので、同書の編者と出版社が自分の責任で翻訳したことになっている。日本国憲法の官製の翻訳には、以前から、日本政府がＧＨＱから非難が出ないようにあえて意図的に誤訳、曲訳した部分があると言われているが、『あたらしい憲法のはなし 他二篇』ではそうした部分もそのままに翻訳されている。自己責任で訳したことにしてあるが、このような孫引きの翻訳で大丈夫なのか気になるところである。

六　点字版『新しい憲法』（憲法普及會）

本書で扱っているが、肝心のグッズが発見できていないものの一つがこれである。憲法普及會の記録によると、同会は、日本国憲法制定の当時に、視力障碍者向けに点字版の『新しい憲法 明るい生活』を制作して『新しい憲法』と題して配布している。この小冊子では、後半に日本国憲法が全文掲載されているのだから、視力障碍者が日本国憲法を読むただ一つのチャンスだったことになる。同会は一般の国民向けに『新しい憲法　明るい生活』を二〇〇〇万部発行して、中央集権の日本の行政システムを使って全戸に洩れなく配ったと豪語して、あわせて点字版のものも障碍者世帯の全戸に配ったと報告している。視力障碍者の人口比率からすると点字版も一〇万部以上発行して全国の視力障碍者世帯に配ったはずであるが、実物はどこにも残されていない。

昭和二二（一九四七）年当時は、点字翻訳はまだ民間ボランティアの協力頼みの手作業であり、当時、正確に点字を打ち込む能力のある人はごく少なく、とうてい、憲法普及會が言うような規模で、法律の難しい日本語を点字に制作して配布したとは思えない。実際には点字本を配備する図書館に数冊納入した程度ではないかと思われるが、国立国会図書館に蔵書はなく、点字図書館にもない。憲法普及會の報告書では、全国の盲学校、盲人団体に所要数を申告させて、それに基づいて「各戸に配布」して感謝されたというが、結局何部発行したのか書いていないあたりにミソがある。視力障碍者世帯に行き渡らなかったと批判されても、それは申告しなかったその地域の盲学校、盲人団体の側に非があるという役人らしい逃げ道が用意されている。なお、その後、日本国憲法そのものを点字にする作業は、東京点字出版所、日本点字出版所の献身的な努力によって行われた。また、視力障碍者の司法試験受験が認められるようになり、実際に視力障碍者の弁護士も誕生するようになると、大学の法学部もそうした生徒の入学を認め、学生に貸し出す点字六法を用意するようになったことはよく知られている。

七　『あたらしい憲法のはなし』（文部省）

これは、日本国憲法を学校で教えるための教科書である。浅井清慶應義塾大学教授らがかかわって制作され、昭和二二（一九四七）年八月に刊行され、全国の中学校一年生の授業で使われた。全部で五三ページの冊子で、定価二円五〇銭である。

内容は、日本国憲法の前文を説明しながら憲法の基本的な柱は「民主主義」「國際平和主義」「主権在民主義」だとしている。これは憲法制定時の政府見解そのものである。そしてそこには、これも当時の政府の姿勢そのものであるが「基本的人権の尊重」がない。逆に、「八　國会」と「十　内閣」の間に「九　政党」があり、民主主義政治における政党の大事な役割が強調されている。日本国憲法には「政党」に関する条文は存在しないので、これを加えたのはこの本の執筆者だけに特徴的な工夫である。他にこうした例はないので特に注目される。

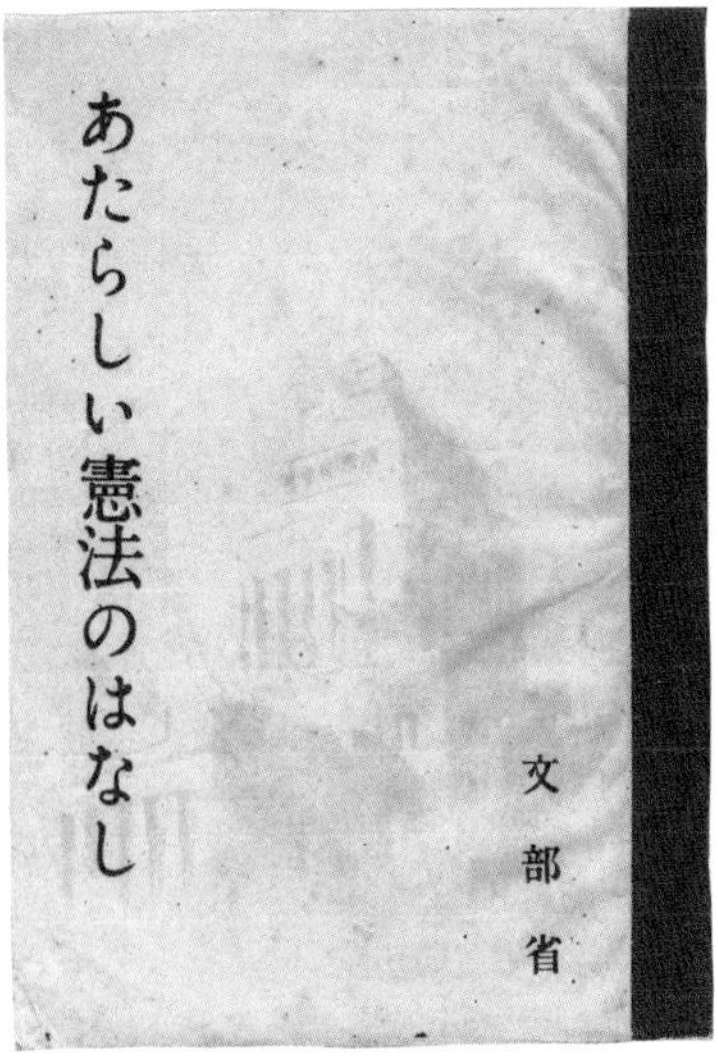

『あたらしい憲法のはなし』（文部省）

第九章　新憲法の普及、啓発用文献

日本国憲法が公布されると、二つの作業が急速に進行した。ひとつは、新憲法を支える皇室典範や、国会法、内閣法、裁判所法、地方自治法などの憲法附属法の立法作業であり、これについては後に扱おう。もうひとつが、憲法の普及、啓発活動である。これはとくに、公布一カ月後の「憲法普及會」という啓発団体の発足によって急速に進行した。その一部は、すでにこれまでの章で説明してきたが、さらに紹介を進めよう。そしてそこに、もう一つの主役、東京大学法学部が登場する。

一　普及活動の主役、憲法普及會

1　憲法普及會

本書では繰り返し憲法普及會の活動を取り上げてきた。そろそろ、この団体についてまとめて説明しておく潮時であろう。

日本国憲法ができた当時、日本国民の多くはそれを理解できていなかった。国政の運営にあたる政府、

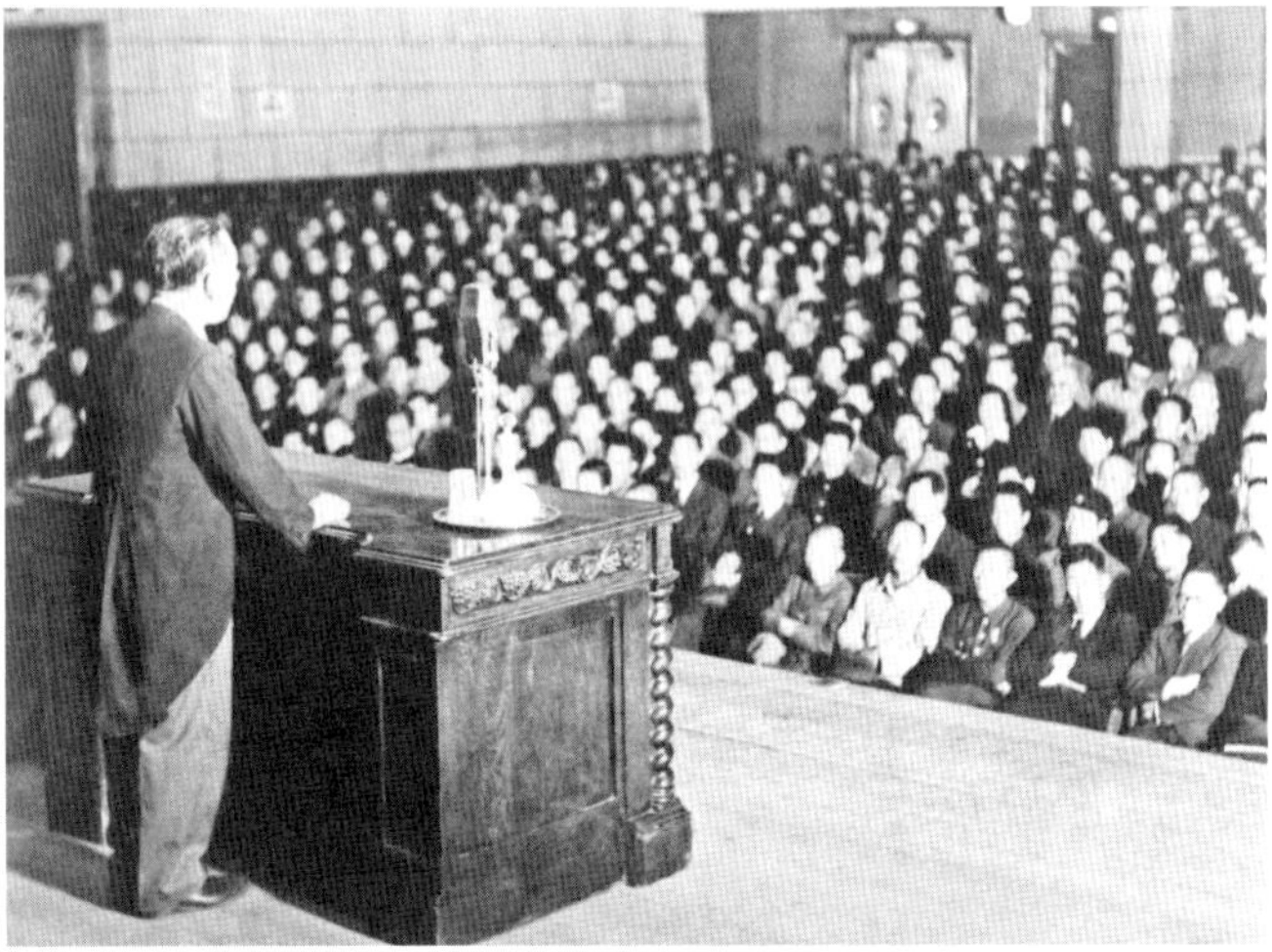

新憲法公布記念講演会(東京)(講演者　金森徳次郎)(写真提供:共同通信社)

中央官庁の役人も、新たに出発する自治体の首長や議会議員、職員も、民間のリーダーも、未来を担う学生も、急激な変化にはついていけていなかった。そして、そうした状況を理解していた政府は、新憲法の大規模な啓発、教育の計画を立てた。その要となったのが憲法普及會であり、昭和二一年一二月一日に同会が発足すると全官庁、自治体、報道機関、教育機関をあげた一大啓発キャンペーンがおこなわれた。

憲法普及會は、国権の最高機関となる国会(当時は帝國議会)の外郭団体としてつくられた。その会長は芦田均衆議院帝國憲法改正案特別委員会委員長、副会長は金森徳次郎憲法問題担当國務大臣、理事長は林譲治内閣書記官長、理事は貴衆両院(新憲法施行後は衆参両院)議員のほか、横田喜三郎、河村又介、宮沢俊義、清宮四郎、田中二郎らの東大系の教授を主軸に、京大出身で立命館大学総長の末川博、慶應義塾大学の浅井清、在野研究者の鈴木安蔵、法制局長官の入江俊郎、言論人の岩淵辰雄、小汀利得、長谷部忠、山浦貫一で、実際の活動は事務局長の永井浩が統括した。

永井は戦前の文部官僚で、戦争中は學徒動員課長で多くの学生を戦場に送った。戦後は官選熊本県知事になったが、さすがに戦争中の行動が批判されて公職から排除され、浪人してこのポストに就いた。憲法普及會の事務所は永井の実家のような東京虎ノ門の文部省内の一室に置かれた。憲法普及會は全都道府県に支部が置かれたが、京都府以外は支部長が都道府県知事であり、事務所も京都府以外は都道府県庁内に置かれ、事務は自治体職員が業務として担当した。

新憲法は国民主権の憲法であるが、実際に日本国民が関与して作りあげたものではなく、その賛否を問う国民投票も行われていない。それに代えて、政府が、上から国民に主権者であることを啓発するという逆転した関係が生じた。また、事務局長が元文部官僚であり、協力した研究者は圧倒的に東大系であり、用紙なども不自由であった当時だが優先的な割り当てを受けて東大系の教授が繰りかえし解説書、啓発書を出版した。また、全国各地での講演会でも、その地方の大学法学部の教授は起用されず、東大系の教授が出張して講師となった。中には、地方大学の民法学教授の大家を押しのけて東大法学部の学部を卒業したばかりの若輩、助手の加藤一郎が講師を務めることもあった。憲法普及會についてはしばしば半官半民の団体といわれるが、正確には半官半東大の団体であったし、この団体の活動への協力を通じて東大系憲法学の覇権が確立した。これについてはもう一度別枠で扱う。

憲法普及會は、一年間と予定されていた活動期間の満了に伴い、昭和二二年一二月に解散し、その活動

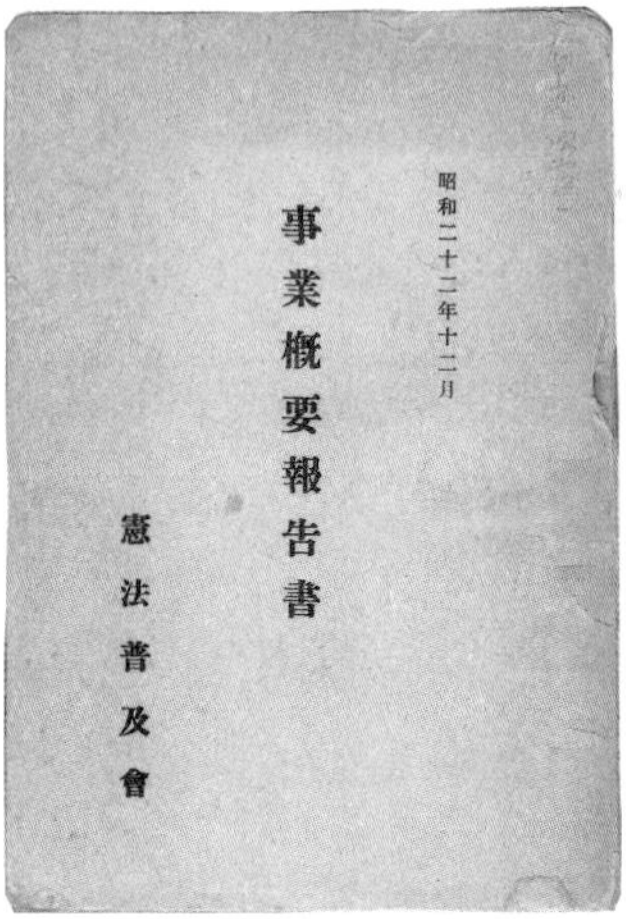

『事業概要報告書』（憲法普及會）

は後継の「憲法普及協会」に引き継がれた。憲法普及會の活動は一六〇ページの『事業概要報告書』に詳細に記録されていて、歴史の研究者はこれを信頼して好個の史料として重要視してきた。ただ、本書で紹介している記念グッズ、祝賀グッズとその周辺に照らしてよく見ると、『事業概要報告書』でのいかにも官僚らしい誇大な報告、事業成果の自賛が目につく。

例えば啓発パンフレット『新しい憲法 明るい生活』を二〇〇〇万部作成して全世帯に配布したとか、盆踊りで一〇〇万人以上が憲法音頭を踊ったとか書かれているが、この規模の活動の痕跡は見つけられない。視力障碍者のいる全家庭に残さず配布したとされる点字版の日本国憲法は、そうだとすると一〇万部以上発行したことになるが、実際にはどこにも残っていない。前にも触れたが、まだ点字ボランティアの奉仕活動、手仕事頼みだったころであるから、これほど巨大な需要に応えることは不可能である。憲法普及會は、全国の盲学校に希望を聞いて対応したから需要に応じきれている、届いていない視力障碍者の家庭があったらそれはその地域の盲学校の責任であるという、いかにも役人らしい弁解を用意している。

この報告書を史料として学問の世界で用いるには、書かれていることが虚構ではないか、針小棒大にすぎるのではないか、他の史料とも照合して慎重に史料批判をする必要がある。

2　『新《あたら》しい憲法《けんぽう》　明《あか》るい生活《せいかつ》』（憲法普及會）

憲法普及會が、憲法施行の日に合わせて二〇〇〇万部作成し、実際には一八〇〇万部を国政選挙の投票券の配布と同じルートで各戸に送ったと言われている啓発冊子である。サイズは文庫版大で、親しみやすいイラストが付されている。前半部は解説で、後半部に日本国憲法の全文が掲載されている。新憲法を全戸に配布せよというのはGHQの要求であり、主権者である日本国民は例外なく憲法の内容を理解する機会を与えられたことになる。

だが、当時の紙不足、印刷事情の悪さでは、これが本当に実現できた数字であるのかは疑問である。二〇〇〇万部という途方もない数字は多分に誇大な報告であった。これだけの数の発行物だとすると、一カ所で印刷して配布するのは困難であり、当然、例えば東京と大阪と福岡と北海道という具合に、各地で複数の印刷所と契約して制作して配布したであろうと想像されるが、どういう契約があったのかは明らかでない。複数の印刷所で制作するには、挿画の紙型なども各社に提供しなければならないし、活字の配置や字体、製本の方法などには当然に印刷所ごとに微妙な違いができるのであるが、後世にまで残って古書や古物として骨董市場に出回った冊子には紙型や活字の違いも見受けられない。

私が二〇〇〇万部というのは誇大報告ではないかと思うようになったのは、時折、古書店などで見かけるものが、例外なく私が蒐集した数冊と同じ字配りであり、とくに「新しい憲法　明るい生活」という表題の文字列が微妙に歪んでいる、その歪み方がそっくり同じであることに気づいたときである。これはすなわち、二〇〇〇万部がたった一カ所の印刷所で刷り出されていた事情を推測させる。いったいどれほどの時間をかければ一カ所の印刷所で二〇〇〇万部の印刷、製本が可能なのか、私には見当もつかないし、これだけ刷れば当然原版にも痛みが出てきて擦り切れたようになって微妙に仕上がりが変わるはずなのにそれもなくてぴたりと同じである。当時の全国紙、地方紙を可能な限り全て通読しても、わずかに宮城県の河北新報に、各家庭と新制中学一年生に六万部を無料配布したという記事を見かけたくらいで、それ以外には配布そのものも目立ったニュースが見つけられない。

なお、当時の日本の世帯数は一六〇〇万戸程度であり、仮に全世帯に漏れなく配布しても二〇〇〇万部では余ってしまう。また、配布の方法はどうしたのだろうか。令和二年に起きた「コロナ禍」に際して政府が全世帯に配布した「アベノマスク」のように、郵便配達のシステムを使ってすべてのポストに投げ入れたのだろうか。それとも、戦争中からの食料などの配給のシステムを使って、憲法普及會地方支部、つまり役所の窓口に置いておいて個人が取りに来るようなシステムだったのであろうか。私にはそれも見えてこない。あるいは戦前の上命下達のシステムで、憲法普及會の各地方支部がその県内各地域の町内会長に必要な冊数を申告させ、それをまとめて中央に報告し、中央が配布を引き受ける出入りの業者にそれを伝え、そこが実際の配布を行ったのであろうか。この方式だと、何か事故があったり配布できなかったりした地域や家庭が生じても、その「目詰まり」は正しく申告しなかった町内会長、きちんと集計しなかった地方支部の責任であり、あるいは二〇〇〇万冊配布したと報告しているのに実際には配布漏れを生じさせた出入り業者のミスになり、憲法普及會としては責任を生じさせないから役人的には好都合である。

他方で、米軍の占領下に置かれていた地域の世帯には配布されていない。沖縄県には一冊も送られていない。当時の沖縄県は戦争の被害で新聞もラジオも貧弱で、公職選挙法などでも沖縄選挙区は除外されており、日本との往来も厳しく制限されていたので、沖縄の人々は新憲法の誕生を知らなかった(41)。

だから私には、「有権者の二人もしくは三人に一冊は確実にゆきわたっていたことになる。また、世帯単位では、全世帯に少なくとも一冊は届けられていたことになる」という理解はできない。憲法普及會は誇大報告をしていると思わないわけにはいかない。実際には何部が配布され、何パーセントの国民が、自分が作ったことになっている憲法を読んだのだろうか。この頃には、当用漢字を正しく読めて意味も理解できている人は全国民の五、六パーセントだったという調査結果をどこかで読んだ記憶がある。また、昭和二五、六年頃の調査では、数年経過しても日本国憲法をきちんと読んだことがあるという回答が五、六パーセントであったという数字も出ている。全世帯に小冊子を配布したからこれで良しとするのではなく、この程度の識字率の社会で、地域、草の根での啓発事業、住民の自主的な勉強会や研究会などの支援にどれほど意を尽くしたのだろうか。私にはむしろその方が気になる。

このパンフレットの内容は、日本国憲法の平易な解説であり、全部で一三ページの説明文の中で、「生れかわる日本」が二ページ、平和主義と主権在民の説明が合わせて半ページ、天皇が一ページ、平和主義は一ページ半、基本的人権は五ページ、国会は一ページ、内閣、裁判所、地方自治、「私たちのおさめる日本」は各々半ページであり、このあとに一七ページを使って新憲法の前文以降の全文が収録されている。基本的人権の部分の説明が詳しいが、結論は「私たちは新憲法の実施を迎え、新日本の誕生を心から祝う

『新しい憲法 明るい生活』（憲法普及會）

とともに、この新憲法をつらぬいている民主政治と、國際平和の輝かしい精神を守りぬくために、全力をつくすことを誓おうではないか。（完）」である。中央の政府が地方の国民に向けて、民主政治、主権在民と国際平和を主役とする新憲法を祝賀して護憲を誓えと求めているのである。人権尊重は脇役のままで結論では無視されており、文化国家の建設は消えている。

３　憲法普及協会

これまで触れたように憲法普及會と東大法学部の仲良しぶりは顕著だが、憲法普及會の後継団体、憲法普及協会との関係はほとんど知られていない。同協会は財団法人であり、東京都港区内に本部を置き、全国に都道府県支部を置いた。会長は金森徳次郎、理事長は入江俊郎、理事は岩淵辰雄、下條康麿、周藤英雄、宮沢俊義、山浦貫一、吉田安であり、監事は田中二郎である。法律学者で憲法普及會から引き続き活動したのは東大法学部の宮沢、田中の二人だけである。半官半東大の色彩は憲法普及會当時よりもさらに濃い。

なお、この協会は、当初はアメリカ、イギリス、ソ連や国連などの制度に関する啓発パンフレットを出版していたが、途中から『憲法改正と天皇の問題』『非米活動委員会と七ツのスパイ事件』『なぜ帰れぬ50万！　引揚げの実状』などの時事問題を扱うようになり、国民の祝日法の制定後の啓発パンフレット『國民の祝日』も発行している。題名がいかにも怪しいし、憲法施行一年後に早くも宮沢も参加して憲法改正を論じていたり、国民の祝日法の説明中で同法とは関係のない国旗日の丸の復活の意義を強調していたり

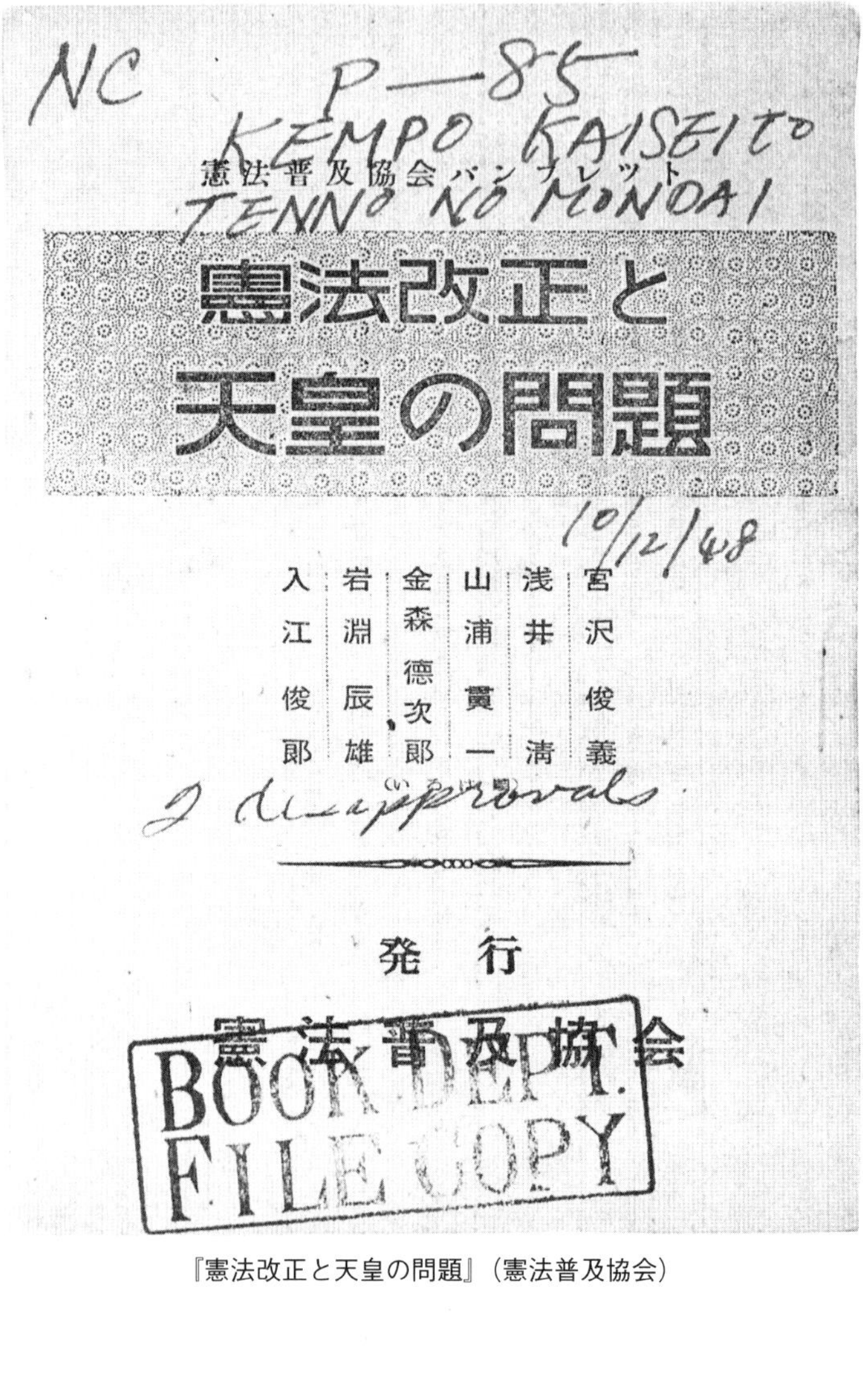
NC P—85
KEMPO KAISEITO
TENNO NO MONDAI

憲法普及協会パンフレット

憲法改正と天皇の問題

10/12/48

宮沢俊義
浅井清
山浦貫一
金森徳次郎
岩淵辰雄
入江俊郎

2 disapprovals

発行

憲法普及協会

BOOK DEPT.
FILE COPY

『憲法改正と天皇の問題』（憲法普及協会）

して、戦後の親米反共右翼の先駆のように見える。ただし、『憲法改正と天皇の問題』は、座談会形式であり、出席して発言しているのは、金森徳次郎（憲法普及協会会長）、入江俊郎（同理事長）、宮沢俊義（同理事）、山浦貫一（同理事）、浅井清、岩淵辰雄（同理事）という憲法問題の代表的な論客であるのに、私が利用した国会図書館のプランゲ文庫にあるＧＨＱの書籍検閲担当が残した冊子の表紙には、「P–85 KENPO KAISEI TO TENNO NO MONDAI 10/12/48」という書き込みや、「BOOK DEPT. FILE COPY」というスタンプとともに「I disapprovals」という書き込みがある。これだけの日本を代表する論客があっさり「不許可」にされたのであるから、検閲担当官の権力の大きさと、国内では憲法問題の権威として通っている者たちの存在感の小ささが印象的である。ただし、「不許可」とされたにもかかわらず、どこで逆転したのかこの書は昭和二三年に実際に発行され、販売されている。宮沢はこの協会での活動が後世に残ることを嫌がっていたようである。宮沢に関する伝記的な研究書を見ても憲法普及會、憲法普及協会での活躍については一言も触れられていない。同書に添付されている業績目録でも、どうでもいいような随筆類まで丹念に拾われているが、憲法普及會、憲法普及協会関連の著作は漏れていて記載されていない。

二　東京大学法学部の新憲法

１　敗戦と東京大学法学部

昭和二〇年八月の日本の降伏後、日本政府の内部では憲法問題の検討が直ちに始まった。その際政府に助言したのは戦争中から密接な協力関係があった東京帝国大學法學部の教授たちであった。とくに憲法学担当の宮沢俊義は改正不要論ないし小幅改正論を唱えて官僚たちとの議論に関与した。その後、マッカーサーの示唆に基づいて元首相の近衛文麿が改憲案を構想した際には母校の京都帝國大學法學部の憲法学者たちの助言を得たが、近衛の動きが失速すると京大法学部系の憲法学は不振に陥り、東大法学部系が盛り返して、幣原喜重郎内閣が設置した憲法問題調査委員会に参加して小幅改正論で松本烝治憲法問題担当大臣（明治・大正時代の東大法学部商法教授、同じ東大法学部商法教授で後の最高裁長官田中耕太郎は女婿）に積極的に助言協力した。

大きな転機になったのは昭和二一年二月一三日にＧＨＱが日本政府に、極秘裏に、秘密を漏洩したら軍法会議にかけると警告したうえでＧＨＱ草案を渡したときである。宮沢は、自分がＧＨＱ草案を知ったのはだいぶ遅くなってからだと語っているが、実際は、日本政府への提示の直後、その日のうちに憲法問題担当大臣の松本烝治から直接にあるいは毎日新聞社を通じて秘密裏にそれを見せられて内容を把握したようである。佐藤達夫がのちに述べているところ(42)によれば、ＧＨＱから渡された草案は四通で、通し番号「6」は幣原首相の手に渡り、番号「7」は松本の手に渡り、（それがその日のうちに宮沢の手に渡り）、番号「8」は手元にあるべきものがなくなったので松本に再度渡され、ＧＨＱとの交渉の席に持ち込まれて使われ、松本退席後は佐藤が使って加筆して残され、番号「9」は佐藤に渡されたようである。ちなみに、佐藤の推測では、番号「1」はマッカーサー、番号「2」はホイットニー、番号「3」はケーディス、番号「4」はハッシー、番号「5」はラウエルの手元にあったと考えられる。番号「8」は番号「7」を宮沢に渡したのちの話、番号「９」はさらに後の話であるから、宮沢に渡されたのは、日本側が最初に把握したわずか二通のＧＨＱ草案のうちの一通ということになる。明るみに出れば軍機漏洩罪として軍法会議で処罰され、まさか銃殺刑にはならないだろうが、松本も宮沢も、米軍が沖縄に設置した恐怖の軍刑務所に送られたであろう。さすがにすさまじい話である。宮沢は当時、東大法学部内の有力教員の二つのグループのいずれにも属さずに孤立気味であったが、この極秘の大スクープをその後すぐに大学の同僚、南原繁総長（前法学部長）に報告したものと思われる。

２　東京大学憲法研究委員会の発足

南原はＧＨＱ草案の日本政府への手交の翌日、二月一四日に急きょ東大内に各学部から人材を集めて研究委員会を立ちあげた。委員長は驚くべき情報をもたらしたであろう、政府の改憲作業に詳しい宮沢俊義になった。この委員会には、法学部から南原を中心に戦争末期に和平工作に動いたグループや、戦争中に親米派として冷遇され、戦後はＧＨＱに足繁く通っていた国際法の横田喜三郎らのグループ、それに戦争中は矢部貞治とともに海軍に協力して米軍の日本本土上陸作戦に備えて戒厳令法制を準備していたが敗戦後は一転して横田グループに属してＧＨＱに日参するようになった行政法の田中二郎らも参加していた。ほかに、文学部教授の和辻哲郎、経済学部教授の大内兵衛、矢内原忠雄、大河内一男らも加わっていた。これらの有力教授たちは、ひそかに知らされたＧＨＱ草案に驚愕し、憲法が大きく改正されようとしている時代の空気を前提に研究を進めることとして、独自の憲法改正案を作成して公表した。

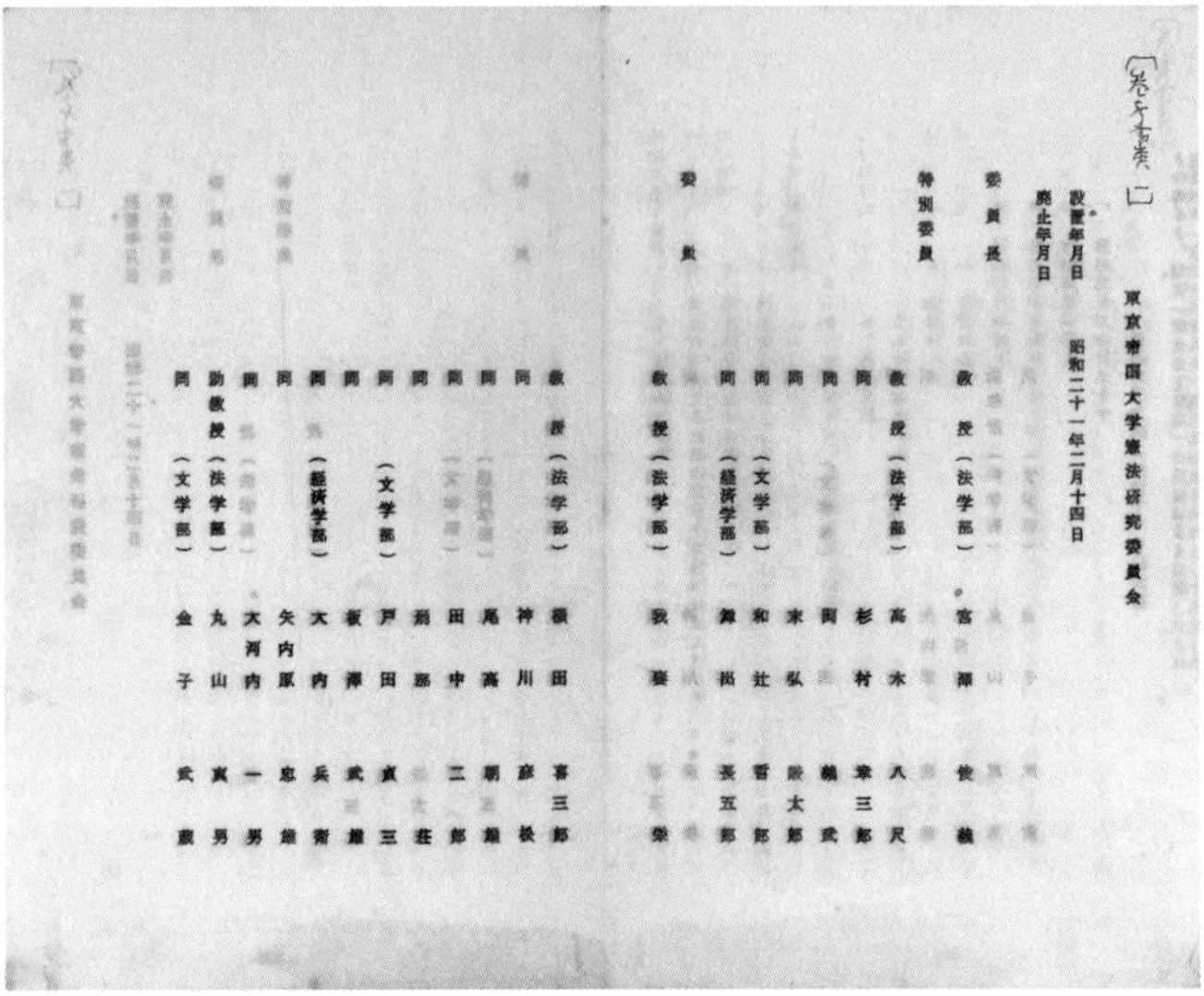

東京帝国大学憲法研究委員会

設置年月日　昭和二十一年二月十四日
廃止年月日

委員長　教授（法学部）宮沢俊義

特別委員　教授（法学部）高木八尺
同　杉村章三郎
同　岡義武
同　末弘厳太郎
同（文学部）和辻哲郎
同（経済学部）舞出長五郎

委員　教授（法学部）我妻栄
教授（法学部）横田喜三郎
同　神川彦松
同　尾高朝雄
同　田中二郎
同　刑部荘
同（文学部）戸田貞三
同　板沢武雄
同（経済学部）大内兵衛
同　矢内原忠雄
同　大河内一男
助教授（法学部）丸山真男
同（文学部）金子武蔵

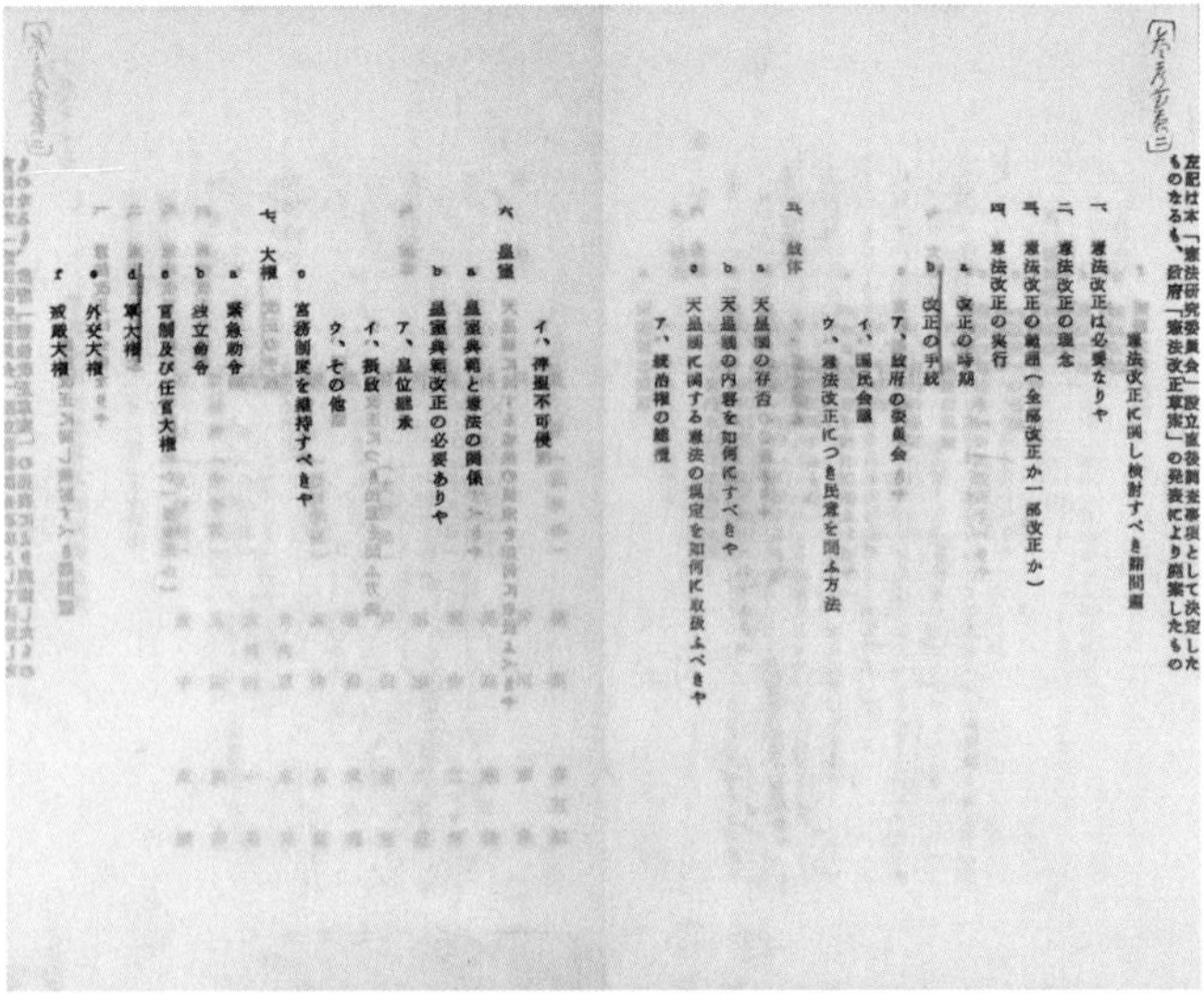

左記は本「憲法研究委員会」設立当時調査事項として決定したものなるも、政府「憲法改正草案」の発表により廃案したもの

憲法改正に関し検討すべき諸問題

一、憲法改正は必要なりや
二、憲法改正の理念
三、憲法改正の範囲（全部改正か一部改正か）
四、憲法改正の実行
a 改正の時期
b 改正の手続
ア、政府の委員会
イ、国民会議
ウ、憲法改正につき民意を問ふ方法
五、政体
a 天皇制の存否
b 天皇制の内容を如何にすべきや
c 天皇制に関する憲法の規定を如何に取扱ふべきや
ア、統治権の総攬
イ、神聖不可侵
六、皇室
a 皇室典範と憲法の関係
b 皇室典範改正の必要ありや
ア、皇位継承
イ、摂政
ウ、その他
c 宮務制度を維持すべきや
七、大権
a 緊急勅令
b 独立命令
c 官制及び任官大権
d 軍大権
e 外交大権
f 戒厳大権

東京帝国大学憲法研究委員会報告書（国立国会図書館『日本国憲法の誕生』より）

この研究委員会には東大教授が多数参加したが、そこに二名だけ助教授が加わっていた。そのうちの一人が法学部助教授の丸山眞男である。丸山は、初回の会合で、ポツダム宣言受諾にともない日本では法的意味での革命が生じたと理屈づけて、国民主権憲法への転換が不可避であることを説いた。この理屈は好都合であった。

一般に、一国の憲法が根本的に変更される原因は、国内における革命か、国際社会からの圧力かである。オーストリアの憲法学者、ハンス・ケルゼンはこれを「根本規範の変動」と呼び、それは昭和前期から日本の憲法研究者の間で、変動の認識枠組みとして広く受容されていた。この理論からすれば、「大日本帝國憲法」から「日本國憲法」への変動は、百パーセントGHQの外圧による「根本規範変動」であったのだが、そのGHQが、自身が抜本的な憲法改正を命じたという事実の厳密な秘匿を命じていたのでそうはいえない。そこで、この大変動は国内での革命による「根本規範変動」と説明しなければならないのであるが、日本では、ケルゼンがいったような政治社会的な市民革命は起きていない。つい数日前まで、小規模な改正でよしとされていた。そこに起きたちゃぶ台返しのような改憲案の提示である。

法的革命説というのは都合のいい理屈で、実社会では革命が起きていないのに、法的には革命が起きていることになり、「大日本帝國憲法」の抜本的な改正は、それに由来するものであり、決して外圧によるものではない。このように説明すると、GHQの命令であることを隠匿してあたかも日本人民の自発的な憲法改正であると説明せよというGHQの厳命に応じるのにとても好都合な理屈であることがわかる。研究会の席で初めてこのGHQ草案の存在を知らされ、直ちに、GHQにも日本側にも好都合な法的革命説を思いついた丸山は、やはり頭のよい研究者であったと思う。

「八・一五革命説」にはもう一つの機能があった。これに同調すれば、自分たちが平和と国民主権を実現したのだという偽史を体内に取りこみ、戦争を支持して加担してきた戦争中の立ち位置から平和愛好国民へと変身した過去を美しく自己欺瞞することができた。戦争中に何をしていたにせよ、八月一五日に国民主権と平和主義確立の法的な革命を成し遂げたのだからその罪は許され、改心がなされたのだから戦時下の言動はすべて封印されて忘却され、戦後の自分は新生者であって転向者という「前科者」に近い語感の後ろ暗いレッテルを貼られることもない。日本国憲法は、それを信じる者に、戦時下の戦争協力の過去を黙殺し、その罪を許す免罪の文書となった。丸山は後に「悔恨共同体」という言葉を作って、自己を含む戦後の知識人の罪の意識を説明した。丸山は私の学部生当時の演習の師であり、その後もその社会的活動や家族生活の一端も知る私はその誠実な研究者の人格や家族への愛を疑いはしないが、厳しく言えば、「八・一五革命説」が開いたのは「悔恨共同体」よりももう一歩先の「自己免罪共同体」であったのではなかろうか。

宮沢はこうした丸山の着想を法律家の理論にまとめて「八・一五革命説」を組み立てて、国民主権論で学界をリードした。また、平和主義については、早くも三月に、それまで世界中の憲法学者でだれ一人考えたこともない、平和主義が憲法原則であるべきだとする論文を発表して学界をリードした。この論文の主張は日本政府に手交されたGHQ草案を秘かに見ている宮沢からすればそれに合わせて書いただけのものであるが、裏事情を知らない人々はその革新的な内容に驚愕し、宮沢の名声は高まった。

なお、親米派でＧＨＱの信頼が厚かった横田は、新親米派の田中らとともに日本管理法令研究会を主宰して、用紙の特配を受けて月刊誌『日本管理法令研究』を大雅堂から刊行し、占領政策を解説するとともにそれを正当化する法理論を展開するようになった。東大法学部は占領軍の施策の解説者でもあったのである。

３　美濃部達吉の憲法改正問題へのスタンス

これが昭和二一年当時の東大法学部教授たちの憲法問題へのスタンスであった。しかし、当時彼らの頭上には、天皇機関説事件で軍部と激しく対立し、帝国議会でつるし上げになり、テロ攻撃を受けて重傷を負って放逐された元東京帝国大學法學部教授美濃部達吉がいた。美濃部の名声は格段に高く、すでに高齢で大学教授に復帰することはなかったが、その発言は人格への深い敬意とともに広く受け入れられ、発売禁止で絶版になっていた著作も再版されて生き返った。美濃部は、政府の憲法問題調査会の指導的なメンバーであり、枢密顧問官に復帰して憲法改正問題の審議にも参加した。だが、世界的な規模での憲法学の権威であった美濃部にとってはＧＨＱの素人作りの改正案は到底支持できるものではなく、枢密院での審議では反対論を述べ、政府案の可否を問う最後の議決に一人欠席して批判的な立場を貫いた。

一方宮沢は、入江俊郎法制局長官や「法制局三人男」と呼ばれた佐藤達夫法制局次長、佐藤功同局事務官、渡邊佳英同局事務官らと連携しつつ帝国議会貴族院議員として同院での憲法改正案の審議に参加し、国民主権論、平和憲法論の立場で抜本改正の政府案支持の論陣を張った。この段階から、東大法学部系の

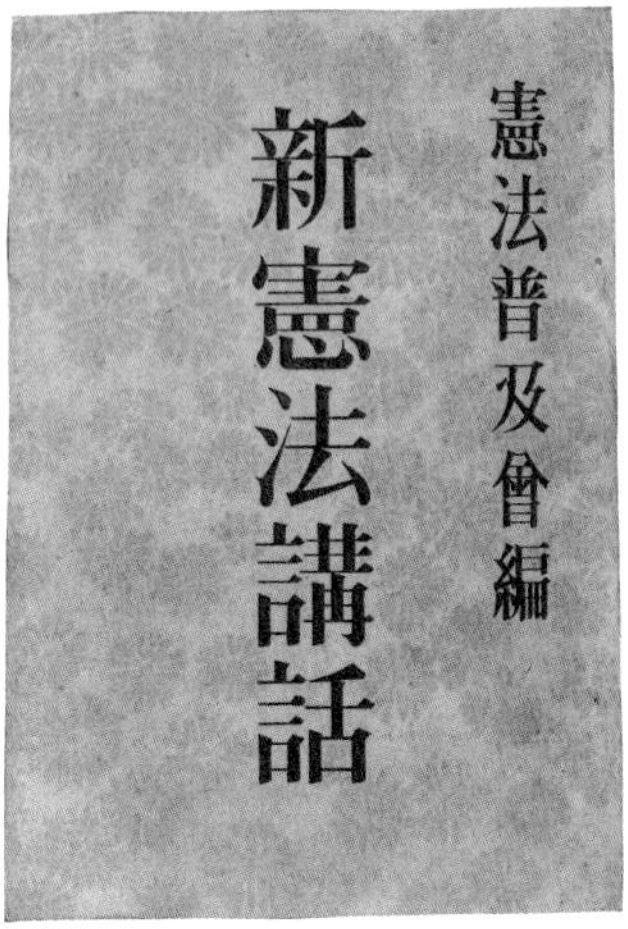

『新憲法講話』（憲法普及會）

憲法学は政府の官僚とともに日本国憲法を受け入れてその合理性を説明する憲法学になった。そして、昭和二一年一一月三日に日本国憲法が公布され、一二月一日に憲法普及會が発足すると、宮沢は、田中二郎とともに啓発活動で重用された。

4　特別講習会の開催と『新憲法講話』

憲法普及會は市民向けと称して講演会も多く開催したが、その第一回目は昭和二二年二月一五日から四日間、東京都文京区本郷の東京大学講堂で中央官庁の中堅の役人七〇〇人を集めて東大系の教授が講師となって行われ、東大生三〇〇人が特別に傍聴を許された。

憲法普及會は「特別講習会」の講義の速記を『新憲法講話』という書物にした。金森徳次郎「新憲法大観」の章に続いた講義録には芦田均外務大臣、森戸辰男文部大臣、堀真琴衆議院議員らの政治家のものもあったが、学者のものは「戦争放棄」を国際法の横田喜三郎、「家族制度と婦人」を民法の我妻榮、「國会と内閣」を憲法の宮沢俊義、「司法、地方自治」を行政法の田中二郎と、すべて現役の東大法学部教授が担当し、これに憲法普及會スタッフの鈴木安蔵「基本的人権」がくわわった。本書は、その後全国各地で開催された新憲法講演会の講義の基準となり、同年七月に非売品として関係者に配布された後に、同年九月に一般向けにも発売された。憲法普及會は五万部の発行であったと誇らしげに報告している。

なお、その後全国各地で行われた講習会は、いわゆる「顎、足、枕付き」、つまり、参加者の食費、交通費、宿泊費が主催者の負担という食料不足、インフレの当時としては破格の優遇であり、一般市民向けと言いつつも実状は各地方で旧来の地方名士を招待するものとなり、東大系の学者の講義を拝聴するものが多かった。戦争中の地方のリーダーは、この機会にいち早く新憲法の知識を身に着けることができたので、新生日本の地方のリーダーに変身する道が開かれた。また、各地の講習会に参加した名士たちの中で女性の参加者はわずか六パーセント程度にとどまり、リーダーは男性という戦前の日本の文化は、せっかく男女同権をうたった日本国憲法ができたというのに、あまり変わることがなかった。

5　『新憲法大系』全一三冊

憲法普及會は日本国憲法の解説書一一冊と関係法規集二冊をシリーズで制作し、昭和二二年一〇月以降に『新憲法大系』として順次に発行した。第一巻が美濃部達吉『新憲法の基本原理』で始まり、以下、河村又介『新憲法と民主主義』／尾高朝雄『国民主権と天皇制』／横田喜三郎『戰争の放棄』／我妻榮『新憲法と基本的人權』／田中耕太郎『新憲法と文化』、石井照久『新憲法と勞働』／中川善之助『新憲法と家族制度』／宮沢俊義『新憲法と國会』／浅井清『新憲法と内閣』／兼子一『新憲法と司法』／木村亀二『新憲法と人身の自由』／清宮四郎『新憲法と財政』／田中二郎『新憲法と地方自治』と、慶應義塾大学の浅井清を除く全員が東大法学部卒か現役の教授である。ここにも東大法学部重視という憲法普及會出版

新憲法大系
(1)
新憲法の基本原理
憲法普及會編
美濃部達吉
新憲法大系
(2)
新憲法と民主主義
憲法普及會編
河村又介
新憲法大系
(3)
國民主權と天皇制
憲法普及會編
尾高朝雄
新憲法大系
(4)
戰爭の放棄
憲法普及會編
横田喜三郎
新憲法大系
(5)
新憲法と基本的人權
憲法普及會編
我妻榮
新憲法大系
(6)
新憲法と文化
新憲法と勞働
憲法普及會編
田中耕太郎
石井照久
新憲法大系
(7)
新憲法と家族制度
憲法普及會編
中川善之助
新憲法大系
(8)
新憲法と國會
憲法普及會編
宮澤俊義
新憲法大系
(9)
新憲法と內閣
憲法普及會編
淺井清
新憲法大系
(10)
新憲法と司法
新憲法と人身の自由
憲法普及會編
兼子一
木村龜二
新憲法大系
(11)
新憲法と財政
新憲法と地方自治
憲法普及會編
清宮四郎
田中二郎

『新憲法大系』（憲法普及會）

『新憲法の研究』（有斐閣）

『新憲法概論 普及版』（有斐閣）

委員会の考え方が露骨に出ている。國立書院発行で、定価は巻によって四五円から八〇円までに分かれる。

6　『新憲法概論』普及版（有斐閣）

学術書の出版社有斐閣は、昭和二二年二月に、東大法学部の教授たちを編集委員とする法学選書シリーズ数十冊の出版を企画し、その一冊として美濃部達吉の『新憲法概論』を四月一〇日に刊行した。定価は五〇円であった。同書は、出版の時期が憲法施行の直前であり、美濃部の名声は高かったので各大学の憲法の授業の教科書などとしてよく売れて品薄になり、とくに地方で入手しにくかった。憲法普及會は内閣新聞出版用紙割当委員会から用紙の特別割当を得て、三カ月後の七月に同会推薦の普及版（定価三〇円）を八五〇〇部制作して、その内の六〇〇〇部を同会で割当頒布した。当時の出版事情と、東大法学部重視の有様が見える。

『註解日本國憲法』（有斐閣）

7　『新憲法の研究』と『註解日本國憲法』

東京大学法学部は、紀要『國家学會雑誌』誌上で新憲法特集の連載を掲載し、昭和二二年一〇月にそれをまとめて『新憲法の研究』として有斐閣から出版した。定価は一三〇円であった。これには、宮沢俊義、尾高朝雄、横田喜三郎、我妻榮、野田良之、川島武宜、石川吉右衛門、団藤重光、田中二郎、刑部荘、杉村章三郎、兼子一、末延三次、伊藤正己、高木八尺が執筆している。また、この企画が終了した同年九月に、学部内の法学協会に「東京大学憲法研究会」を発足させて研究を深め、その成果を『註解日本國憲法』にまとめて昭和二三年八月以降に有斐閣から順次出版した。これには、『新憲法大系』『新憲法の研究』の執筆者に加えて、鵜飼信成、加藤一郎、木村剛輔、鈴木竹雄、高田卓爾、高柳信一、平野龍一、三ケ月章、矢沢惇、綿貫芳源が加わった。これらの法学部の総力を挙げた企画の実行を通じて憲法学の中では政府と密接な関係のある東大法学部がとりわけ高い権威と強い影響力を持つようになった。あわせて有斐閣も、東大法学部教授が編集委員の雑誌『ジュリスト』の刊行もあって、有力な法律系出版社の地位を固めた。

第一〇章　日本国憲法の周辺エピソード

日本国憲法の制定の当時には、それに密接に関係しながら生じたいくつものエピソードがある。歴史の歯車が一つ狂っていれば、あるいは一つ狂わなければ、これが日本憲法史の正史に載ったであろう。そのようなエピソードを見てみよう。

一　伊豆大島暫定憲法「大島大誓言」

昭和二一（一九四六）年一月二九日のＧＨＱ覚書で大混乱したのが伊豆諸島であった。というのは、覚書で日本の行政権が及ばない地域を定めた際に、そこに「伊豆群島」と記載されていたからである。伊豆諸島には米軍が上陸しており、本土との通信、交通も不十分であり、伊豆諸島の人々、特に伊豆大島の島民は日本から切り離されて占領軍の兵士に好き勝手にされることに大きな不安を感じていた。本土に疎開していた女性たちにも危険だから帰島するなという連絡が送られた。

日本政府は伊豆諸島の指定解除を求めた。伊豆大島の側からも連動する動きがあったが、同島内ではそれとは別に、ＧＨＱの覚書手交の一週間ほど以前に、大島駐屯軍隊長ライト大尉から、日本との切り離しと、行政は島自体で行うべきで駐屯軍隊長は監督に留まる旨が通告されていた。そこで島の有力者、有志が会合を開き、三月上旬に、独立した伊豆大島の憲法にあたる「大島大誓言」を定めた。これは、独立国家の統治権、議会、執政について定めたもので、司法権その他不足する部分もあるが、統治権（主権）、立法府、行政府と続く立派な憲法典である。ところが、同月二二日にＧＨＱから分離指定解除が通告されて、自主的な国家創出の必要性がなくなったので話は中途で沙汰止みになった。[43]

二　憲法修正第一条になり損ねた「児童憲章」

日本国憲法の制定時には、そこでは児童の取り扱いが不十分であることが自覚されていて、制定後に増補して改正することが構想されていた。四年後の昭和二六（一九五一）年に成立した児童憲章（The Children's Charter）がそれであり、時にはThe Constitution of Childrenと呼ばれることもあった。しかし、四年間で状況は大きく変わっており、増補型憲法改正の好機はすでに去っていた。憲章は、政府が憲法制定会議に準じて児童憲章制定会議[44]を開催して、全国から選出された二三六名の各界の代表者が参加してそれを議論して決定したにもかかわらず、それに継ぐ国会の議決も国民投票もなくて法的な権威も効力も認められず、六法全書にも採録されていない。

欧米では、「憲章」、チャーター（Charter）と言えば国家運営上の重要な書類であり、政府はそれを遵守

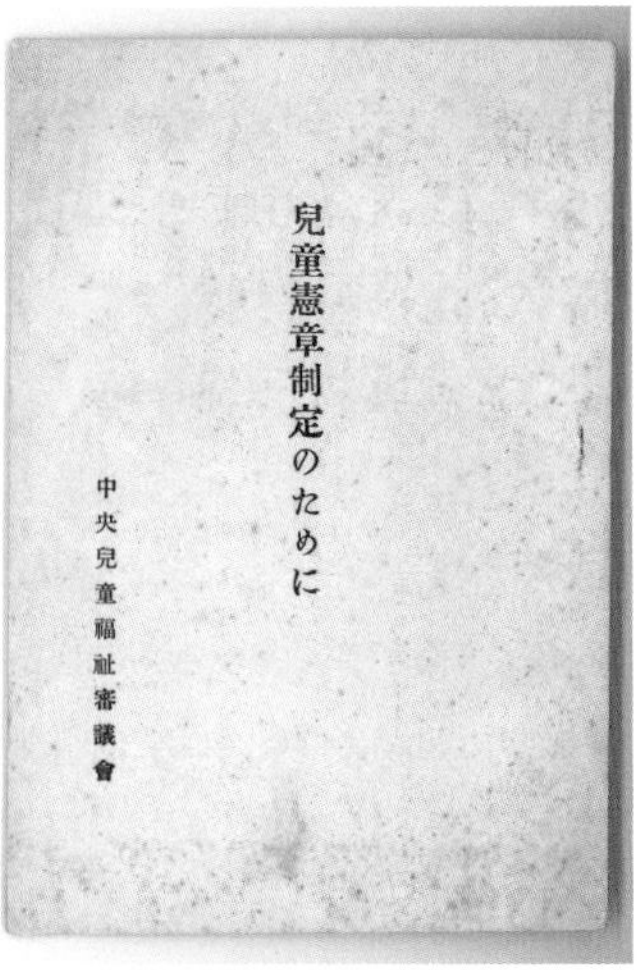

『兒童憲章制定のために』
（中央兒童福祉審議會）

『兒童憲章制定記録』
（中央社会福祉協議會）

し、また積極的に実現してゆく重大な責任を負う。ところが、児童憲章の場合は、憲章は政府を拘束する法規範ではないことが大前提になり、そのことの妥当性は疑われなかった。よく知られているように、国際連合の最も基本的なルールは国際連合憲章（Charter of the United Nations）である。オリンピック憲章というものもある。憲章にも、ピンからキリまであるということだ。

　この制定会議をリードした議長は金森徳次郎である。金森は、出発点であった「児童憲章草案準備会」の議長、草案を起草した「小委員会」の議長も務めており、準備会は各省庁推薦の五〇名の委員で成り立っていた。要するに、憲章の制定過程では、各界の代表者が集ったとはいえ、それは各省庁の推薦した人事であり、金森と中央省庁の官僚によるコントロールが行き届いていた。そして金森は、憲法制定議会で約束していた日本国憲法の補充条文にすることなどすっかり忘れてしまったかのように、憲章が法の定立ではなく、「日本国憲法の精神にしたがい」作成された道徳規範であることを力説強調していた。当時はまだ占領下であったが、日本国憲法に増補型憲法改正の方式を盛り込ませたGHQも、憲章の憲法追加条文化を命じなかった。

ここで増補型憲法改正という方式について簡単に説明しておこう。日本国憲法第九六条は、その英語表記がAmendmentsであり、元来はアメリカ憲法流の、旧条文を削除したり修正したりするのではなく、新条文を追加していくという、増補型憲法改正（アメンドメント）方式による複数回の改正を想定していた。この他に、イギリスは総合的な憲法法典がなくて、過去に制定された法令の集積が憲法を形成している。その中にはとても古い伝統的な法令もあり、最も古いのは一三世紀に制定されたマグナ・カルタである。一方フランスでは、一七八九年の人権宣言がその後のいくつかの憲法でも人権憲章として扱われてきた。自国の立憲主義に自信のある先進国では、歴史的な伝統のある憲法はずっと継承され、社会の変化に伴い必要になった新条項は古いものに積み重ねられていく。実際、ある時、アメリカの憲法研究者に、なんであなたの国ではアメンドメント方式の憲法改正にしたのかねと聞いたら、そんな、建国した先祖が作った貴重な歴史遺産をゴミ箱にぽいと捨てるなんてできないよ、と真顔で応じられて驚いた。

これと対照的なヨーロッパ大陸のドイツの憲法では、革命や外部からの圧力で国家の併合、分裂、国の構造の変更などが起きると、旧国家の憲法を抜本的に変革した新憲法が作られ、旧憲法はそっくりゴミ箱行きになる。共和制のワイマール憲法は、王制の旧ドイツ帝国憲法を捨て去り、ナチスの第三帝国憲法はそのワイマール憲法を捨て去り、第二次大戦後の西ドイツ基本法はナチスの第三帝国憲法を捨て去った。

憲法になり損ねた「児童憲章」初日スタンプ（郵政省）

いずれの場合も、旧憲法は唾棄すべき歴史の汚点とされた。だから、日本国憲法は占領期にＧＨＱに押し付けられて歴史的な汚点だと考える人たちにとっては、歴史をポジティブに継承するアメンドメント方式はだめで、革命的な全面改正のレビジオン方式がいいということになるのである。

ちなみに、大日本帝国憲法の場合は、第七三条第一項、第二項の「改正」は amend と訳され、第七四条の皇室典範の「変更」は modify と訳され、第七五条で制限される憲法や皇室典範の「変更」も modify と訳されている。つまり、大日本帝国憲法の場合は、第七三条の「改正」（amendment）と第七五条の「変更」（modification）がある。amend → modify → revise の順で、部分手直しから本格改築へと改造の加減が大きくなるという用語法であろうか。

私が驚いたのは、先に紹介した憲法普及協会の座談会記録『憲法改正と天皇の問題』を見ると、金森徳次郎も入江俊郎も宮沢俊義もアメンドメント方式のことなど全く気にせずに、ドイツ法的な改正方法論を自明の前提にしてあれこれ思いつくままの放談を進めている。こういう考え方の金森が終始リーダー役で児童憲章を作ったのだから、児童憲章が子どもの人権条項として、ちょうどアメリカ憲法修正第一条（ファースト・アメンドメント）が表現の自由を初めて保障したことで国の誇りの条文とされているように、広く各方面の人々が誇りに思える誇らしい「日本国憲法追加第一条」になりそこなったのは当然であった。そしてその結果、子どもの人権は軽視され、児童虐待や性的暴力はやまず、将来の法律家が司法試験を受験する際の必読教科書では、つい最近まで、「子供の人権」と題された項目で扱うのは、子どもは未成熟であるので大人に認められる人権を制限してよいという「子供における人権制限」の議論ばかりだった。

三　映画検閲、報道検閲と占領軍関係の不祥事

本書の第七章で日本国憲法記念映画を扱った際に、映画会社東宝が制作した「戦争と平和」で、当時の言葉でいうパンパン宿で日本人女性が占領軍軍人、兵士を相手に売春の営業を行う場面や、キャバレーでアメリカ軍人、兵士が遊興する場面がＧＨＱの映画検閲で大幅に削除されたと考えられることを書いた。そこで述べきれていないことを記しておきたい。

第二次大戦敗戦後の日本社会では、日本国憲法の啓発、広報グッズが語るような平和で明るい市民生活が期待されており、実際に実現されていったのであるが、その社会は同時に、占領軍、ＧＨＱに軍事支配

され、その軍人、兵士が横暴を極めた社会でもあった。映画「戦争と平和」の検閲と部分的な削除は、当時の社会のこの二重性を思い起こさせる。

当時の日本では、占領軍の軍人、兵士の犯罪が殺人や強盗をはじめとして多発したが、多くの事件は泣き寝入りに終わり、またその被害を伝える報道はＧＨＱの報道検閲で禁止されていた。そこには、日本国憲法の保障する法治主義もなければ、報道の自由もなかった。そして、こうした占領軍関連の犯罪事件の中に多くの性暴力事件があり、その多発を予見したＧＨＱと日本政府は、敗戦直後の昭和二〇年八月に早くも、「良家の子女を守るため」に占領軍の軍人、兵士相手の売春施設を設置した。そして、翌年にそれが廃止されると売春女性が町に溢れた。最も多い時期には一〇万人以上の女性がパンパンやオンリーになっていたと伝えられている。ＧＨＱと日本政府は、軍人、兵士への性病の流行を恐れて取り締まることはあっても、売買春そのものは見て見ぬふりで放置した。日本を占領した軍人、兵士の四〇パーセント以上が現地人女性の愛人を抱えていたといわれている。

パンパンやオンリーは、日本国憲法の明るい市民生活と占領軍の暴力的支配の共存を確保する緩衝材の役割を期待されていたといえよう。個人の尊厳と女性の人格を高らかに謳い上げた日本国憲法を生み出した日本社会は、同時に、「良家」の女性を性暴力被害から守る防波堤として、一〇万人以上の女性に対米兵売春サービスに従事することを強いて半ば公認する社会でもあった。強い表現をすれば、パンパンやオンリーの女性が占領軍支配の暗黒面に対応してくれていたから、日本社会は「新しい憲法　明るい生活」の明るく健康な社会のイメージを持ちえたのである。

だが、日本社会が犠牲要員のパンパンやオンリーに向けたのは強い嫌悪感であり、激しい侮蔑の視線であり、その存在の無視、否定であった。そして、こうした日本社会の二重性は決して明らかにしてはならず、闇に葬るべきものであり、だから映画「戦争と平和」は厳しく検閲され、このタブーに触れる部分が大幅にカットされたのだと思う。ＧＨＱによる報道の検閲とそれを恐れた日本側の自主規制は憲法第二一条の暗黒面をなしている。

四　パンパンのお姉さん

戦後社会における売春女性やパンパン、オンリーの問題はこれまで広く研究されており、私にはここで付け加える特別の知見はない。ただ、私は小学生のころ東京都南多摩郡町田町（現在の東京都町田市）に住んでいた。当時占領軍の将校、兵士が多く住んでいた町田にはパンパンやオンリーの女性がいっぱい生活していて、何人かの女性は私の母親の営む洋裁店の顧客であった。子どもの私は多くの「パンパンのお姉さん」にかわいがってもらった記憶がある。女性たちは皆きれいに着飾っていて、優しく、話し好きで、店に来るとお菓子や珍しい食べ物を気前よくくれた。私たち基地の町の子どもはこうした女性に頼まれた買い物や留守番などのちょっとした仕事は喜んでおこなった。こうした女性たちの内面にはつらく苦しいものがいっぱいあったのだろうと思うが、子どもの私には理解できるはずもなく、明るくはしゃいでいた。だから、パンパンやオンリーの女性に向けられた日本社会の差別的な眼差しを大人たちからきつく教え込まれても、日ごろ接触している子どもの私には納得がいかなかった。大人たちが女性たちに投げつける汚らしい言葉を真似してはやしたてるようなことはしたくもなかった。

私は数年前に映画「戦争と平和」を観る機会があったが、GHQにフィルムを切り刻まれて占領軍の軍人、兵士の客が消えて日本人客しかいないパンパン宿やキャバレーの場面を見て、これは数十年前に子どもの私が見ていた占領期の基地の町の情景とは違うという違和感が強かった。GHQの検閲で消えてしまった、あって当たり前の場面のカットされた痕跡から、子どものころに感じていた、汚らわしい女性たちに近づいてはいけないとする「臭いものに蓋」のような大人社会からの強い圧力、「良い子どもはこうした大人社会の二重の現実に関心をもつな、見るな、聞くな」という訓育の不気味な思い出が甦ってきた。当時その是非など理解できるはずもなく、お姉さんたちに親しくされて明るくはしゃいではいたが、同時にそれが社会や学校の掟に背いていることにおびえていた幼い自分の姿は、いま思い出しても哀れである。

第一一章　日本国憲法制定のエピローグ

日本国憲法には「前文」がついている。その中身はなかなかに興味深い。「憲法前文」と言えば、第一段の「そもそも國政は、國民の嚴粛な信託によるものであつて、その權威は國民に由来し、その權力は國民の代表者がこれを行使し、その福利は國民がこれを享受する。」という文章が、南北戦争当時のアメリカ大統領リンカーンの演説に由来するものとして有名であるが、ここでは、第二段の国際連合加盟問題と、第三段の戦争犯罪人処罰問題との関係を見ておこう。

一　日本国憲法が予告していた国際連合加盟

ＧＨＱが提示した憲法草案の前文第二段には次の一文があった。“We desire to occupy an honored place in an international society designed and dedicated to the preservation of peace, and the banishment of tyranny and slavery, oppression and intolerance, for all time from the earth.” この文章は、日本政府によって次のように翻訳された。「我等ハ平和ノ維持竝ニ横暴、奴隷化、壓制及頑迷ヲ永遠ニ地上ヨリ追放スル

コトヲ主義方針トスル國際社會内ニ名譽ノ地位ヲ占メンコトヲ欲求ス」（いわゆる三月五日案）。

この文章の肝は international society に不定冠詞の an がついていることである。an apple といえば、数多くあるリンゴの中の一つを意味する。an international society は、あまた存在する中での一つの international society である。これは通常考えられている、地球社会と同義の国際社会ではなく、地球社会に存在する数多くの国際団体の中の一つを意味する。そしてそれは、「平和ノ維持竝ニ横暴、奴隷化、壓制及頑迷ヲ永遠ニ地上ヨリ追放スルコト」を「主義方針」つまり目的として設計され（designed）、それに献身している（dedicated）団体である。いうまでもなくこれは国際連合であり、日本は国連加盟による国際社会への復帰の願望を憲法の最も根本的な原則として設定するように要求されたのである。

国連（United Nations）は、第二次大戦中の軍事同盟である連合国（United Nations）を基にして、一九四五年に設立され、その憲章には、連合国と対戦した日本やドイツなどについては差別的な処遇を認める敵国条項（第五三条など）を持っている。日本国憲法前文は、日本が連合国に哀願してこの指名手配を解除してもらい、かつての敵方の末席に連ねさせてもらうことを至上の名誉としたことになる。

これほどの United Nations への拝跪は、憲法に第二の降伏文書の色彩を濃くさせるものであり、敗戦国の謝罪の形とはいえさすがに日本側の受け入れられるところではなかった。果たせるかなこの文章は、三月五日案から一夜明けた三月六日の憲法改正草案要綱では、「日本國民ハ平和ヲ維持シ且專制、隷従、抑壓及偏狭ヲ永遠ニ拂拭セントスル國際社会ニ伍シテ名譽アル地位ヲ占メンコトヲ庶幾《コイネガ》フ」となった。文章の推敲にあたった官僚の巧みな細工である。ここに言う「國際社会」は同じ言葉なのに「地球社会」の意味に近く、平仮名書きに改められた現行の文章では「われらは、平和を維持し、専制と隷従、圧迫と偏狭を地上から永遠に除去しようと努めてゐる國際社会において、名誉ある地位を占めたいと思ふ。」となり、「設計され、それに献身している」は「努めてゐる」と変えられ、ＧＨＱ草案にあった連合国グループへの転向を渇望する色彩はさらに希釈された。日本は昭和三一（一九五六）年に国連加盟が承認されたが、憲法前文のこの文章の微妙なニュアンスを思い出して指摘する者はいなかった。忘却が後日談となっている。

二　憲法から抜け落ちた戦争犯罪処罰の法理

ＧＨＱが示した憲法前文の案文第三段にはもう一つやっかいな文章があった。“We hold that no people is responsible to itself alone, but that laws of political morality are universal; and that obedience to such laws is incumbent upon all peoples who would sustain their own sovereignty and justify their sovereign relationship with other peoples.” 日本政府はこれを次のように翻訳して受け入れた。「我等ハ如何ナル國民モ單ニ自己ニ對シテノミ責任ヲ有スルニアラスシテ政治道徳ノ法則ハ普遍的ナリト信ス、而シテ斯ノ如キ法則ヲ遵奉スルコトハ自己ノ主権ヲ維持シ他國民トノ主権ニ基ク関係ヲ正義付ケントスル諸國民ノ義務ナリト信ス」。

ここでこの文章が元来意味するところをもう少し明らかにすると、われら日本国民は、①いかなる国の国民（軍人、兵士）であっても自国（の最高位者）に対してのみ責任がある（その命令に従って行動した場合は自身の行為について刑事責任を免責される）のではなくて、②戦争犯罪人、人権、人道を侵す者は処罰されるべきであるという政治道徳の法はいつでもどこでも誰に対しても適用される（universal）ものであり、③（たとえ法典にそういう制定法の条文がなくても、）この法に従うことを自己の責任とする（incumbent upon）ことが、自己の主権を維持し、他の国民との正義に基づく関係を維持しようとするすべての国民の自然法的な義務である、と思料する（hold）ということである。

こう理解すれば、この文章が一九四五年一一月から一九四六年一〇月にかけてドイツ、バイエルン州ニュルンベルグ市内で行われていた戦争犯罪人裁判で展開され、後に国連総会決議とされた、戦争犯罪者処罰のニュルンベルグ裁判法理、つまり、いかなる人間も上官、ひいては自国（の主権者）の命令に従ったという理由では戦争犯罪、人権、人道侵害の犯罪から免責されることはないとする法理論を、日本国民が主権者として日本でも全面的に是認する趣旨であることが分かる。前文の起案者であるGHQ民政局のハッシーは、同局内部の憲法草案検討の運営委員会で、これがニュルンベルグ裁判法理であることを力説し、①、②はハッシーの文案、③はケーディスの修正文案で固まった。

GHQ草案はここまで日本の猛省、屈服を求めたのである。日本は後に敗戦国として、戦勝国の行った極東軍事裁判の有罪判決を継承することで講和独立したが、さすがに新生憲法の冒頭でこれを主権者国民として真正面から認め、国内法上の最重要法理として自認して頭を下げるのは行きすぎであろう。憲法は謝罪文ではない。

ここでも危機を救ったのは官僚の細工であった。前文のこの文章は、三月六日の憲法改正草案要綱では「我等ハ何レノ國モ單ニ自己ニ對シテノミ責任ヲ有スルニ非ズシテ、政治道徳ノ法則ハ普遍的ナルガ故ニ、之ヲ遵奉スルコトハ自國ノ主權ヲ維持シ他國トノ對等關係ヲ主張セントスル各國ノ負フベキ義務ナリト信ズ」と変身し、最終的に現行憲法では「われらは、いづれの國家も、自國のことのみに専念して他國を無視してはならないのであつて、政治道徳の法則は、普遍的なものであり、この法則に従ふことは、自國の主権を維持し、他國と對等關係に立たうとする各國の責務であると信ずる」とされている。一晩のうちに、戦争犯罪に関与した国民個々人の法的責任を承認するという、場合によっては個人や法人の賠償責任にも結び付く法的に極めて重要な意味のある文章は、国民ではなく国家の、法的責任ではなく道義的責任の、理性的な認識、判断ではなく単に主観的な想い（「信ずる」）を述べるだけの、法的な意味のない人畜無害な、国際協調、国際貢献の文章に変身している。GHQが日本政府によるこれほどの曲訳になぜオーケーを出したのかは謎であるし、前文は主権者国民が自らの反省と決意を語る文章なのにここだけが国家としての道義を語るという構文上の不均衡も生じているが、いずれにしても、日本政府としては最悪の選択は免れたことになる。

のちに平成一五（二〇〇三）年一二月に、小泉純一郎首相は、イラク特措法に基づく自衛隊の海外派遣に際して、これを憲法違反とする批判もあるが「憲法をよく読んでいただきたい」として前文のこの文章を読み上げ、「日本国として、日本国民として、この憲法の理念に沿った活動が国際社会から求められている。……この憲法の精神、理念に合致する行動に自衛隊の諸君も活躍してもらいたい。これは大義名分にかなうし、我が国が自分のことだけ考えているのではない……」と演説した。前文制定の経過、趣旨からすると実に奇妙であった。前文が全く異なった文脈で語られるというとても不思議な後日談である。

三　THE DIET から THE NATIONAL DIET への衣替え

うまく収まる箇所が見つからなくてここまで残してきたが、おまけを一つ書いておきたい。日本国憲法の不思議の一つに、国会を英語でどう表記するのかという問題がある。周知のように、ＧＨＱが最初に日本政府に示した憲法草案では、一院制の議会が THE DIET と表記されていた。日本側は直ちに二院制を主張し、ＧＨＱもそれを認めたが、THE DIET という表記には変更が加えられることがなく、この言葉は二院制の国会を意味するようになった。憲法と同時に制定された国会法も THE DIET LAW であり、今に至っている。

ところが、その後、国会は、自身の英文表記を THE NATIONAL DIET とするようになった。ＧＨＱの国会担当者の考えかたに従ったものと思われるが、大日本帝国憲法当時、二院制の帝国議会は THE IMPERIAL DIET と英文表記されていたので、それならば国会は THE NATIONAL DIET だということであろうか。現在では、THE NATIONAL DIET が正式の表記である。衆議院や参議院のホームページの英語版を見ると、いずれもそのように表記している。実害はないのでどうでもいいことではあるが、制定時の英文日本国憲法上の表記が無視されたことになる。ただし、日本国憲法の正文は日本語のものであり、英文憲法は参考資料にすぎないから、憲法の表記が改変された、憲法の変遷だ、いやもはやこれは憲法違反だなどと騒ぐことにもならない。

なお、市販の和英辞典では、「国会」の英語表記は「(日本の) the (National) Diet (＊アメリカ議会はCongress、イギリス議会はParliamentという)」とややこしい。国権の最高機関の名称がthe National Dietとthe Dietと二つあってどちらでもよいとする日本文化はあいまいであり、こうした日本文化の特性と日本国憲法の制定経過をともに理解していない外国人にはその理由がさっぱりわからないであろう。

四　「国立国会図書館」という名称の由来

奇妙なのは国立国会図書館である。これは、昭和二三(一九四八)年にGHQの指示で作られた国会の付属機関である。それ以前の日本には、戦前の帝国図書館の流れをくむ国立図書館と、それと別組織の、戦前の議会図書館の流れをくむ衆議院図書館、参議院図書館(旧貴族院図書館)があったが、GHQの指示で、合併され、国立国会図書館とされたのである。その英文表記はTHE NATIONAL DIET LIBRARYである。当時は、国立図書館NATIONAL LIBRARYと国会図書館DIET LIBRARYの合体なのでこうしたのであろうが、合併後の銀行の名前みたいである。だが、今日の語感からするとTHE NATIONAL DIET LIBRARYの全部で「国会図書館」である(45)。

国会図書館は国会の付属機関として現在に至っている。国立劇場や国立競技場のように、「国立」というのは直接、間接に政府の下にある行政組織である。他方、議会の下にある組織は、国立国会議事堂とか国立衆議院議員会館と言わないように、「国立」という冠になじまない。国立国会図書館も国会の下にある機関であるから「国立」は余計だ。ただ、ここは国民に対して図書サービスという行政も行う機関なので、行政機関っぽく自己紹介する趣旨でこうしたのだろうか。

第一二章　日本の憲法は変われども「日本国憲法」は変わらず

最後に、とても大事な話なのだけれども、とても堅苦しい話であって、法学部の憲法学の授業ならまだしも、このような書物のどこで扱えばいいのかもわからず、ここに至っている事柄がある。日本では、憲法問題と言うと、日本国憲法の条文に関する問題だけが考えられているが、実はそうではないという説明をしなければと思い続けている。いわゆる憲法附属法と憲法慣習である。

一　憲法附属法

日本国憲法は多くの憲法附属法とともに生まれた。普通、憲法附属法といえば、まず憲法典が制定されて、その執行をする上での細則をイメージする。ところが、日本国憲法の場合は、憲法改正案が帝国議会で審議されていてその内容が定まっていない時期から臨時法制調査会が設置され、皇室典範、国会法、内閣法、裁判所法、財政法、地方自治法というような憲法附属法の立案が始まっていた。調査会は、国会議員と各官庁の官僚と東大法学部系の学者中心の学識者委員で構成されていた。同時に行われていた帝国議会での憲法草案の審議の際にも、この条文はどういう意味なのかと問われた政府が臨法調で関連法を整備していますと答弁したり、議員からそれならば法案の要綱を早く教えろという要求が出たりしている。仮に、新聞連載小説の連載中にそれを映画化する話になり、原作はまだ結末が定まっていないのに、映画のシナリオではもう最後の場面まで筋書きが決まって撮影が進んでいて、新聞連載の結末の方がシナリオに引きずられて決まる事態を想像してみたい。日本国憲法と憲法附属法は、憲法よりも附属法の方が先行しかねない奇妙な同時進行ぶりであった。

そして、昭和二一年一一月三日に日本国憲法が公布されると、半年後の施行の日までに多くの附属法の審議、決定が急ピッチで進み、慌ただしく議決されて昭和二二年五月三日の施行日に間にあわされた。こういう経過なので、日本国憲法に盛り込まれた方がよかった多くの問題が附属法に書き込まれた。憲法附属法は第二、第三の日本国憲法であった。

国会法では、本会議中心主義か、委員会中心主義かという議会運営の基本的な構造は、日本国憲法ではまったく触れられておらず、国会法案の立案の際に、GHQのウィリアムズ立法課長の強力な指示でアメリカ議会流の委員会中心主義とさだまった(46)。内閣法も作成が急がれ、昭和二一年一二月に法案が国会に提出されたがさしたる議論もないままに可決成立した(47)。裁判所法では、日本国憲法の審議では最高裁判所に一審制の憲法裁判所の機能を付加することで大方の理解がすすんでいたのに、裁判所法案の審議でオプラー司法課長の強力な主張で下級審から違憲審査をするアメリカ型の違憲審査制にさだまった。

いっぽう、GHQの監視をすり抜けて、日本政府の意向が通された附属法もある。内閣法では、国務大臣として任命された者が各省庁の主任大臣となってその職域の全責任を負って行政をおこない、他の大臣はそれに容喙《ようかい》しないという明治時代からの省庁割拠性が残された。地方自治法では、GHQは地方分権を強く求めたが、日本側は戦前の中央主権的な地方制度を残すことを主張し、自治体の長が国の機関として国の命令に従って行為する機関委任事務という奇妙な制度を作り上げた。これはGHQの指示に逆行するので到底認められないだろうと心配されたが、GHQとの事前折衝にあたった内務官僚たちは、地方自治法の法案説明の際に機関委任事務関連の条文は説明を飛ばすという裏技を使って、事情のよく分からない担当課長から、この部分も含めた地方自治法案全体への承認のサインを得た。これにより、憲法の地方自治は、GHQが考えた、民主主義を草の根で守り発展させる地方自治から、多くの点で国の事務をその地方で分担して執行する単なる地方制度へと逆行した。地方自治法案への承認のサインを得た帰路、GHQの建物正面の階段を下りながら、内務官僚の一同が、これで明治初年以来の日本の中央集権的な地方制度の伝統は守られたとバンザイをした有名なエピソードが伝わっている。

要するに、日本の憲法改革は、憲法典の改正で完結したのではなく、その具体的な内容は同時進行の憲法附属法の制定で初めて決まったのである。GHQは全法案の事前審査を行い、立案、審査でのGHQの指示は強烈なものがあったが、日本の官僚もよく抵抗して、自己主張をした。日本国憲法と違って、附属法の法案は日本側で立案したので、GHQの押し付けという印象は大分弱まった。そして、附属法はいずれも、大日本帝国憲法下での立法手続きを踏み帝国議会の議決を得て、憲法関連法であるので枢密院の審査も経る慎重な手続きで制定された。これは日本国憲法の制定手続きと同じであり、附属法とされるが実質は日本の憲法構造の重要な部分であった。日本国憲法という成文法典と並ぶ、半年遅れで公布された上でほぼ同日に施行された憲法規範の一角といってもよい。

日本国憲法の制定経過がこうなった理由は、GHQの態度にあった。GHQが目指したのは、憲法典の改正だけではなく、日本の民主化であり、憲法典の改正は重要ではあるがその一部にすぎず、政治の構造そのものの変革を推し進めた。だからGHQは、その承諾なしの議案の国会への提出を禁じて法律案の事前審査で多くの指示をつらぬいた。政府の人事にも干渉し、意に沿わない政治家は公職から追放した。日本政治の民主化という目的を達成するのに役立つのであれば憲法改正でも新立法でも直接の指示、命令でも、法形式はなんでもよかったのである。

GHQは、昭和二三（一九四八）年の年末ごろまでに日本民主化の作業がゴールしたことを自覚した。立法改革もほとんど終わり、最後の刑事訴訟法の立法作業が翌年の春までに終わると見込まれたのである。その後、昭和二四（一九四九）年に、GHQ民政局は担当した民主化の成果報告書『1945年8月から1948年8月にかけての日本の政治的再編成』を作成したが、それは「日本外政の統制」「超国家主義者の排除」「日本の新憲法」「執行部」「立法部」「司法部及び法制度」「公務員制度」「地方自治」「法執行の統治に関わる諸側面」「選挙」「政党」「政治教育」に及ぶ広範なものであり、「立法部」をウィリアムズ立法課長、「司法部及び法制度」をオプラー司法課長が執筆したように、GHQ民政局の責任者たちが書いている。憲法は重要なテーマであるが、それに関する記述は多くの章の一部でしかなかった。

広範囲な日本政治の民主化を徹底的におこなう意思を持ったGHQであれば、要は政治構造の改革が実行されることであり、改革の根拠法が憲法典の法形式をとるか、附属法という一般法になるのかは大した違いではない。日本国憲法の草案作成は大急ぎすぎたので多くの問題点が残った。憲法典に盛り込まれて然るべき多くの論点が数カ月遅れで附属法にまわされた。憲法的な内容は日本国憲法という法典に集約的に盛り込んで、そういう憲法の父として歴史に名を残したいという法律家の美学はなかった。GHQはやはり占領軍であり、スタッフはやはり理論家ではなく実務家の軍人たちだったのである。

ここから、不思議な憲法改正が起きた。日本国憲法条文の改正は不可能だから書き洩らした部分の追加はできなかったが、憲法の内容が附属法に盛り込んであれば、法律改正手続きで実質的に憲法改正ができる。超硬性な憲法典と超軟性な附属法であるのでこんな芸当ができる。諸外国の憲法を見れば、法形式は法律でも、内容的に憲法にふれるものについては「憲法的法律」として通常の法律の議決要件よりもハードルを高くして、例えば通常の法律は過半数の議決なのに「憲法的法律」では三分の二とするというような工夫を加えているものがある。日本国憲法のように憲法附属法の立法は単純多数決というのは便利ではあるが危ういところがある。日本国憲法は制定以来一度も改正されたことがないというのは不正確な表現である。日本の憲法のうち、憲法典は一度も改正されたことがないが、附属法に含まれている憲法的な内容は何回か改正されている、というべきであろう。次に扱う憲法慣習とともに。

二　憲法慣習

どこの国にも憲法慣習はある。成文憲法典があっても、長年執行する中でおのずと条文にない不文の慣行が定着して、実務を拘束するようになる。日本国憲法も例外ではなく、多くの憲法慣習が生まれ育っている。

不文の憲法慣習が生まれた一つの理由は日本国憲法の制定過程にある。憲法の制定にあわせて多くの新制度を発足させる必要があったが、天皇制の関係では新皇室典範は皇位継承など一部の制度を決めただけで、国事行為のおこない方を決める法律が間にあわなかったし、元号法も作りそこねた。国会でも議会運営の大まかなところは国会法で決めたけれど詳細は決めきれなかった。

こういう事態に直面したGHQは、憲法施行の日までに法律や規則の制定が間にあわなかった場合は、暫定的に旧法や旧慣例を継続してよいとした。そこで、多くの戦前の法令や慣習が生き延びることとなった。事項によっては、保守的な内容を目指した日本国政府と、民主化した新制度の発足を考えたGHQの間に意見の相違があり、保守的な日本政府はあえて立法化の作業を急がず時間切れに持ち込んで旧制度を維持するサボタージュ作戦にでた気配もある。新国旗法、新国歌法を作らずに暫定的に日の丸、君が代を使うという具合である。こうして大日本帝國憲法下の制度や憲法慣習が日本国憲法の下でも継承されることになった。

当時の国政の運用を見てみると、旧憲法下の制度、慣習との断絶ではなく、連続、継承が目立った。そしてこういう旧来の憲法慣習はその後長期間継続的に運用されて定着し、その時々の多数派の都合で法改正して変更してよいものではないと観念されるようになり、法律に書かれていなくても多数決で改正できない憲法慣習と位置付けられるようになった。

もう一つの理由は、日本国憲法の執行を通じて形成された新しい憲法慣習である。国会の運営が典型例であるが、多くの場合、与野党の合意の下で運営が行われてきた。そこに形成されたルールは、先例集として成文化して残されるものもあれば、まったく不文の申し合わせとして記憶されているものもある。いずれにせよ、与野党合意の下で議会運営をスムースに行う知恵の結晶であり、この全会派一致を原則に議会運営を進める慣習もまた、一時的な多数派の国会対策で、多数決で強引に覆してよいものではない。その趣旨で、これは多数派支配による国会法改正を制限する、立法を拘束する憲法慣習と位置付けられる。

とはいえ、憲法慣習もまた、ちょうど憲法附属法の改正のように、これまで何度か改められてきた。多くの場合に与野党の合意があり、多数決で政権与党が押し切ることはそれほど多くはない。

議会の会議の運営で与党が強行採決を試みて与野党が激突し、暴力沙汰に及んでも、翌日には国会正常化で本会議が再開されてにこやかに談笑しているという不思議な光景を見かけることがあるが、与野党合意で議会を運営するというコンセンサス方式での憲法慣習は、一度や二度の強行策で崩壊するものではない。意地悪く言えば、強行採決、与野党激突スタイルで議案を処理する合意が与野党間にできている馴合いの激突が多いのである。与野党合意で定めた議会運営の憲法慣習を変更するには与野党合意が基本である。憲法慣習には、憲法典の条文と同じような重みがあるのである。

第一三章　日本国憲法制定の社会史

一　日本国憲法制定劇のアクター

日本国憲法の制定劇には多くの関係者・アクターがかかわった。反対派はＧＨＱが主役であった不当な干渉劇で押し付けられた憲法だと非難し、支持派は日本国民が歓迎し、支持する形で出演して、自ら制定した国民主権の憲法だと言うが、実際には主役不在で世界史的潮流という超大物の主役を友情出演させた。だが、本書で見てきたように、制定劇の小道具にあたる記念グッズ、祝賀グッズを詳細に見てみると、同じ舞台でさまざまなアクターが乱舞していて、これは善玉、こちらは悪玉とはっきりしている単純な勧善懲悪の舞台ではなかったことがわかる。

ＧＨＱが改憲劇の主役であったことは言うまでもない。革新的な憲法改正案の強圧的な提示、日本側の改憲作業への関与、憲法附属法の内容への干渉、憲法の公布・施行の手続や記念行事への関与、マスコミを通じた啓発・広報活動への関与は顕著であり、占領軍なので、公職追放、報道出版の検閲、郵便物検閲などの権力行使も背景にして、ＧＨＱは改憲劇のこわもての主役であり続けた。

日本政府というアクターは、天皇主権の国体護持という敗戦時の公約を守る小規模な憲法改正という筋書きをＧＨＱに真っ向から否定されて出番を失った。だが、ＧＨＱ草案を受諾しながらもしぶとく象徴天皇制を含んだ主権在民主義という日本に独自の奇妙な国民主権論を唱えて、出番を回復した。議会政治の復活強化と帝国陸海軍の解体は認めたが、議会制、内閣制、政府の構成、司法制度、財政、地方自治などでは多くの点で従前の官僚主導の国家体制の維持継続を滑り込ませた。政府の説明では、日本国憲法は天皇を戴《いただ》く主権在民と軍備放棄を二つの主柱とするものであった。これにあえて加えれば文化国家を建設して世界に立つのが第三の柱であった。

こうした政府の意向を受けて日本国憲法の解釈、普及啓発活動にあたったのが半官半民の憲法普及會というアクターであった。中央事務局に元文部官僚を据え、京都府以外の全都道府県に官選知事と職員による地方支部を設けて活動した。この憲法普及會こそ、啓発活動の中心に祝賀記念行事や記念品の制作配布を企画して、上からの祝賀啓発の主役になった。

この憲法普及會に登用され、政府寄りの憲法解釈で啓発宣伝の先頭に立ったのが東京大学法学部というアクターであり、特に憲法学の宮沢俊義、行政法学の田中二郎、国際法学の横田喜三郎の活躍が目立った。この活動を通じて、東大法学部は政府に近い戦後法律学の覇者となることができた。かつて立花隆は『天皇と東大』を著したが、残念なことに昭和二〇（一九四五）年の敗戦時で巻が閉じられている。もし戦後期を扱う『続・天皇と東大』が書かれたら、立花は東大の日本国憲法制定への関与をどう描いただろうか。この点での正確な認識を抜きにした戦後期の憲法学史の研究は「振出し」から歪みっぱなしであるが、立花であれば左右どちらかに偏向した同時代史の著述をどう整理して解析するだろうかと思うところがある。

報道機関・文化人というアクターの憲法支持の活動も目立った。戦争中に反米英の軍国主義を支持して戦意高揚に活躍していた多くの報道機関や文化人が敗戦後に態度を急変させて平和主義の親米派に転向し、日本国憲法を支持して賛美した。ＧＨＱはジャーナリスト、出版社幹部、新聞社幹部らと日本国憲法の普及・広報の進め方について秘密会合を繰り返して協議している。ＧＨＱは普及・広報の力点は、①基本的人権、②地方自治、③主権者国民の責任の強調に置かれるべきであり、司法の独立はざっと触れる程度にして、天皇の地位の変化には触れないほうが賢いとしていて、報道機関はそれへの協力を指示された。これと裏腹に、ＧＨＱの意向に反する言説は東京内幸町のＮＨＫ社屋内にあったＧＨＱの検閲当局によって発禁、処罰の憂き目にあうので、報道機関・文化人はこぞって日本国憲法を支持して賛美した。こうしたＧＨＱ翼賛の動きに距離を置いたのは反対派の右翼か、日本共産党系の左翼であったが、その言説は報じられることが少なかった。

二　新憲法制定は同床異夢の乱舞劇

こうして新憲法制定劇を詳細に見てみると、多くのアクターが自分の思惑で勝手に動き回っている。言うならば同床異夢、外国軍隊占領下の憲法制定という乱舞劇の舞台である。従来の憲法史の叙述は、著者の価値観が最初にあって、それに都合のいい現象、配役だけを拾い出して並べて説明しているのでこうした乱舞の全体は理解できていない。

ところで、この舞台には、もう一つの主役がいなければおかしい。それは日本国民である。主権者で、この憲法を制定したはずの国民はどこにいったのか。

新憲法案の採否を決定する国民投票という役どころから外されていた国民には、上からの啓発の対象であり、国民動員型の祝賀行事に参加する民衆であり、憲法を学習する生徒という役柄が振りあてられた。乱舞劇を見て拍手喝采するバック・コーラスがその役割であった。それが日本国民の憲法体験であった。

三　草の根における新憲法の受け止め方

日本国民は、それでも、各地方で特色ある活動をした。秋田県内で制作した「新憲法漫画いろは歌留多」は、憲法普及會が有名な文化人や漫画家を動員して制作した新憲法記念のかるたよりも内容が濃く、真正面から新憲法を学ぼうとする気持ちが伝わる。京都府では憲法普及會の事務所が府庁舎ではなく同志社大学に置かれ、民間主導で憲法紙芝居「憲法の家」の制作をはじめ、自主的な取り組みが進められた。兵庫県と神戸市は、新憲法啓発の講演会の開催などにも熱心であったが、新憲法記念の新県民歌を全国に先駆けて創作して県民が合唱する機会を多く作った。石川県では、祝賀県民大会に米空軍機が飛来して爆弾に似せて祝賀のビラを撒き落とすというブラックジョークを体験した。岡山県はことのほか啓発に熱心で、開催した勉強会のありさまを立派な書物にしたところ、内容が優れていたので憲法普及會が買い上げて『新憲法抄』と題して全国に広めた。国会図書館で閲覧できるアメリカ、メリーランド大学蔵のプランゲ文庫資料には憲法普及會福岡県支部の「こども憲法」（原稿）があり、またこれと別に記念紙芝居も計画したという記録もある。愛知県では新教育振興会が「子供のけんぽう」を刊行した。これは国会図書館のウェブサイト「日本国憲法の誕生」にも収録されている。そのほか、日本国憲法の公布日や施行日には文化、スポーツなどでの催しが各地で多く行われたが、各地方でその地方独自の企画が行われた。中には、七〇年以上経過した今日でもなお「日本国憲法記念」の冠を維持しているマラソン大会のようなものもいくつかある。

四　日本国憲法のお誕生

こうした草の根における新憲法の受け止め方を見ると、素直な祝意と学習が目に付く。日本国憲法の制定は、天皇主権の否定への失望でもなく、占領軍の押付けに対する反感でもなく、大多数の国民は憲法の内容は知らなかったが素直に好意的に受け止めた。そしてそこに特徴的なのは、自分たちの憲法ができたという喜びというよりは、自分たちにははるか遠い東京、日本の中心でよい憲法ができて天皇様も喜ばれているという、自分の生活の外で起きた慶事への祝意だということである。

新聞やラジオがこぞって素晴らしい憲法だと伝え、批判的な言説は一つも報道されない。東京大学の偉い先生がやってきて新憲法の意義、内容を教えてくれる。その日はお祝いの日になりこの日限りであるが国旗日の丸の掲揚も認められる。県知事や市長を初めて選挙で選んでその人たちが先頭に立っておこなわれるお祝いの行事に参加するように求められる。芸能の大会やスポーツの大会が開催される。お祝いのお酒やたばこの特配があり、食料品も出回る。こうしたことのすべては、東京で起きためでたい国家の慶事への地方草の根における協賛であった。そして、公布日や施行日の翌日の新聞には、全国で祝賀の行事が盛大におこなわれた様子が報道され、批判的な事象は何一つ伝えられていないから、祝祭は日本全国でこぞっておこなわれ、日本国民は絆で結ばれ、気持ちを一つにしたのだと改めて納得することができる。日本はワン・チーム、これが各地の国民が感じたところであったと思う。

『新しい憲法 明るい生活』は「私たち」に「新憲法の実施を迎え、新日本の誕生を心から祝う」ことを求めた。日本国憲法は確かに祝われて誕生した。だが、それは自分の家に子どもが誕生した喜びというよりも、東京の親せきの家族での新しい子どもの「お誕生」の祝意であった。建前では国民主権であり、自分の憲法が生まれたはずだが、そうした実感ではなくて、天皇をいただく主権在民と平和主義の素晴らしい新憲法だとしてお上から下げ渡されたという感覚である。この微妙な距離感をともなって、しかしとてもまじめな気持ちで、国民は日本国憲法の生誕を受けとめて歓迎した。それは「日本国憲法のお誕生」と表現するのがふさわしいと思う。

五　新憲法が主権者日本国民の家族になった日

日本国憲法は、時代の変化に適応するように条文の解釈を変えることが多かったが、条文そのものは一度も改正されることなく七〇歳を越えた。増補型改憲（アメンドメント）方式による条文の追加も一度も行われなかった。世界的に見ても珍しい長寿の憲法であることになる。ただし、その間にこの憲法は日本社会にすっかり定着して、国の運営も憲法から逸脱することもあったが基本的にはそれに沿って展開され、何よりも主権者である国民がそれを日々の活動の中で活用するようになった。

そういう文脈で日本国憲法の歴史をみれば、昭和三〇年代には国民が平和主義と非核をかざして政府の安全保障政策を批判し、昭和四〇年代には基本的人権尊重をかざして憲法裁判を起こして政府の人権保護責任を追及し、昭和五〇年代、六〇年代には国民主権をかざして投票箱を通じての政権交代政治と市民参加型政治を主張して、地方自治体の市民政府の樹立で一部実現した。政権交代政治は平成年間まで待ったが実現した。つまり一言でいえば、市民がこの憲法を自分のものにして活用するようになったとき、形式上は七〇年前に「お誕生」した国民主権の日本国憲法に実質的意味での「誕生」があったのだと思う。だがそれはずっと後の時代、「日本国憲法の本当の誕生日」という一編は、本書とは別の物語になる。そしてそれを「鳥の眼」で語りうるのは私ではない。史実に明るい将来の研究者への期待を持ちつつ、本書は幕引きである。

おわりに

私はなぜ、些細な史実にこだわるのか。七〇年以上も昔の日本国憲法の制定史の史実など、昭和後期社会史の専門研究者でもない私が、なぜ人々に語るのか。本書を執筆しつつ、常に自分に問いかけてきた言葉である。十分な答えが出せない悩みと懐疑は今でも続いているが、言いたいことはいろいろある。紙幅により、ここでは三点を申し述べておきたい。

第一に私は、日本国憲法制定史に関する普通の歴史書を書いておきたかった。昭和四〇年代（一九六五～七四）の初め、私が大学に残って専門研究者への道を歩き始めたころにはすでに、日本国憲法制定史は、自由と民主主義への世界的な潮流と日本国民の希求との幸福な合体であるとする護憲派の神話か、逆に占領軍の暴虐で押し付けられた悪意の所産であるとする改憲派の逆神話か、真二つに分かれて対立していて、政治的な立場からの思惑が渦巻く状態にあった。そういう類の歴史ではなく、ごく普通に、自分の政治的立場の色眼鏡越しにではなく客観的に、史実に基づいて、日本国憲法の生誕を語ることが憲法学の専門研究者のあるべき姿ではないかと思っていた。最近の新型コロナウイルス感染症騒ぎでしきりとテレビに尻上がりの妙なイントネーションで登場する言葉を借りていえば、エビデンスに基づき、エピソードを集めて憲法制定史を語りたかったのである。そのためにエビデンスとエピソードは長年、常にため込んでいた。本書ではそうして集めたグッズの一端を使わせてもらっている。

第二に、これは日本の教壇歴史学の在り方に対する異議であるが、歴史を語る際の文献史料への傾斜が強すぎると思っていた。憲法制定史に限って言っても、あちこちに残されている制定時の物品史料と照合すれば簡単に真偽が判読できる場合でも、文献史料の記述を頭から信用してそれが史実だとするか、逆に隅から隅まで悪辣な偽造として退けるか、いずれにせよ、文献史料に依拠する神話的歴史書はエビデンスもエピソードも弱い。だから、物品史料という従来見逃されてきた沈黙のエビデンスから見える歴史を書いてみたいと思っていた。なお、歴史研究には、もう一つの史料源、古老の伝承がある。私は、昭和後期史の語り部には右から左まで比較的に多くの人に接してきた。ところが、人の記憶は後になって簡単に書き換えられるものであり、史料として依拠するには今一つはっきりしない。歴史の文献史料はすぐに嘘を吐く。物品史料は黙り込んでなかなか史実を話してくれない。そして伝承史料は簡単に上書きされてしまう。だからこの三種の史料への警戒心とバランスのある接近が必要だと思う。

第三に、私は、日本国憲法という「制度」が誕生したことを書いておきたかった。昭和後期の憲法学では、憲法は自分の利益に都合のいい「道具」、あるいは逆に自分には使い勝手の悪い「道具」として理解されているように思えた。私は、憲法典や憲法附属法や憲法慣習の塊で構成されている実質的な意味での「憲法」というものは、自分の政治的思想や立場を主張する「道具」ではなく、社会の運用、管理に役立てる客観的な「制度」であるべきだと考えている。自分の政治的野心を実現するために利用し、用が済めば棄ててしまう「道具」ではなく、社会的に存在していて、自分も、また自分とは立場の違う者もお互いにそれを使って、自分の利益なり主張なりを実現することを通じてよりよい社会にする、そういう共有（コモン）の装置だと思っている。身近な例で示せば、例えば公立の図書館がある。市民は、そこに出かけて来館者となって利用するが、期限が来れば本を返却して部外者に戻る。入れ替わりに別の市民が来館して同じ席に座ってその人の好みで選んだ本を利用する。利用の基本ルールは図書館の設置規則、利用規則にある。例えば病院がある。そこに医師として採用された者は、一定の時間で勤務し、次の担当者に引き継ぐ。その者もまたその次の担当者に引き継ぐ。こうして、病者を継続して治療する公共の病院という制度が継続的に機能する。憲法という「制度」もそうであろう。

日本国憲法も、そういう「制度」作りをしたはずである。国会という制度は、選挙ごとにメンバーが入れ替わりつつ立法機関として機能する。内閣という制度は、政権交代によってメンバーが変わりつつ行政機関として機能する。最高裁判所は定年制でメンバーが交代しつつ司法機関として機能する。役所は転勤、会社は人事、学校は卒業でメンバーが交代しながら、各々が制度として機能し続けるはずである。だが、実際には、制度に目詰まりが起きてうまく回転しなくなり、うまく機能しなくなることが多い。そういう機能障害は治療して制度本来の輝きを取り戻さねばならない。そして、もし私に憲法学の研究者として習得した識見、あるいは専門技術があるならば、それを日本国憲法の機能不全という病いの治療に投入して世のために使うことが、この憲法と同時代に生きる憲法研究者としての社会的な責任だと思っている。専門技術の習得と活用という意味では、枯れかけて元気のない樹木を生き返らせてなんぼという樹木医と変わるところはない。

これは、いわば臨床憲法学とでもいうべきものであろう。それを志した私は、日本国憲法の診断にあたり、せっかくそこに新設された裁判による人権保護の機能が不十分であることに対して憲法訴訟論という治療法を用意した。市民への情報公開の不十分さが市民の政治参加を阻害している事態に、情報公開法という新薬を開発した。グローバル化が進んでいる世界なのに軍事的安全保障に傾斜するという平和主義国家の病状に、国際人権保障を基礎にした国際協力の構築という健康法を提案した。自国の人権保障のゆがみを是正し、他国のゆがみの是正を支援、協力するようにグローバルな水準での国際人権法規範の国内への導入を求めた。企業の人権軽視の経営体質を正すため、企業の社会的責任の実現、あるいは国連グローバル・コンパクト、国連ミレニアム開発目標への関与を求めた。その他、憲法という制度に生じている大小さまざまな病状に対して、大小さまざまな治療法を憲法の実務に提供してきた。そして、宿痾《しゅくあ》の護憲・改憲論のいがみ合いには、日本国憲法の出発点であった増補型憲法改正（アメンドメント）方式の再評価を提唱した。護憲論者の恩師からは「最悪の改憲論」とののしられたが、晩年には和解できた。「一国平和主義批判」や「第九条第三項論」の論者にはやや心外な使われ方をしたが、「論憲論」「加権論」などの国民合意型改憲論（改憲消極論ではない）の論者から寄せられた好意的な理解には感謝している。憲法の病状を治癒したいという思いを共有できる者には、私は野党中道系の発言者であったけれども、左右を問わず、与野党を問わず、広く知識を提供し、技術を教示して、協力して治癒法の開発にあたってきた。医者は患者を選ばない。

そういう中で、私が取り組んできた最も大きな課題が、政権交代のある議会政治の実現であった。日本国憲法は大正デモクラシーを先例として、選挙による政権交代のある議会政を制度にしたのだが、当初の数年間は別として、その後四〇年以上も政権交代がない政治になってしまった。この慢性疾患、日本国憲法の深刻な目詰まりの解消は、憲法学の最重要な課題のはずなのに、だれもがその治療をあきらめているように見えた。ほとんどの憲法研究者が、政権は力で奪取するものだという革命の果てしない夢を見るだけで、実際にさまざまな政治勢力が政権交代を遂げながら運営する共通の政治文化を作り出して、政権交代のある議会政という制度を動かすものだとは思っていないように見えた。

私は、「四〇年間も政権交代のない議会制民主主義」という奇病には、シャドウ・キャビネットを軸にした野党連立政権構想に基づく政権交代という特効薬の服用を勧めた。それ以前から、志を同じくする多くの友人、同志と、市民の政治参加を促進する情報公開法制度、議会への行政情報開示規則の強化、そして公文書管理の法制化という、政権交代のある議会運営を生み出すには必要条件となる治療法の三点セットを提示して実現してきた。そして平成の三〇年間に、二度の政権交代があり、何度もの連立の組み換えによる政権の変動があった。ひどい失敗もたくさんあったけれども、少なくとも今では、政権与党は常に次の選挙での政権交代におびえて少しは自制するようになったし、また一党単独で永続政権を維持するというかつての症状がぶり返すとはもう誰も思ってはいない。

だいぶ長広舌になった。今、こうして七〇年前の憲法制定史を振り返ると、日本国憲法もはるばる来たものだという感慨とともに、妙な懐かしさを憶える。憲法制定当時の同床異夢の乱舞劇は、当時幼稚園児の私には記憶がないはずなのに、理解し、共感することができる。それはたぶん、当時も今も、普通の人間の感性はそう変わっていないからであろう。日本国憲法は、確かに妙な生誕を経験したが、昭和三〇年代（一九五五〜六四）以降に、市民が実際に、反核平和活動、政治参加、人権裁判、地方分権などでそれを活用するようになった。市民が憲法に追いついたと言えばいいのか、憲法の家に実際に入居して自宅として活用するようになったと言えばいいのか、例えば公害、環境破壊という憲法制定当時は考えてもいなかった難病に苦しむ中で、環境権という憲法上の権利を「発見」して、それを難病の治療に使うようになった。

もちろん、日本国憲法の制度に生じている目詰まりを正してそれを治療に使おうとする試みもあった。その経過も、日本国憲法の同時代史として語りたいところもあるが、私は、五〇年近く、臨床憲法研究者として直接、間接にその治療にかかわっていたので、語るとしてもその視点は他者の経験を追体験する本書でのこの憲法制定史とは大きく異なるであろう。そういう自己の体験の語りが実現するかどうかわからないが、いつの日か、別の機会に任せたい。

平成三〇（二〇一八）年、国立国会図書館憲政資料室から「日本国憲法成立期憲法関係資料（岩田行雄氏旧蔵）」が公開され、同年四月に目録がアップされた。この資料群は、日本国憲法制定前後の時期の文献史料を蒐集したものであり、詳細を極めていて貴重である。蒐集品の中には、地方新聞社の啓発パンフレットなどで、私の蒐集しきれていなかったものも何点か含まれている。私が特に取り上げなかった文献もリストアップされている。本書とともにこの目録を読めば、当時の議論がよりよく理解できるであろう。この資料群の史料的価値を評価できるように、注記の中に埋もれさせるのではなく、ここに特記しておきたい。

本書は、有斐閣『書斎の窓』での長期連載「日本国憲法のお誕生①〜⑫」（平成二八年五月号〜平成三〇年三月号）と同社のウェブ版での「おまけ」の文章を基にして、その整理と増補を経て成り立っている。本書の原稿を閉じるにあたって、自社への辛口のコメントも多いのに発表の機会を与えてくださり、いままた書籍化に尽力してくださった有斐閣編集部、とくに連載担当の栗原真由子さん、書籍担当の笹倉武宏さんに感謝申し上げる。

令和二年一一月三日の日本国憲法七四歳の誕生日を祝して　著　者

（1）漢字表記の変遷については、阿辻哲次『戦後日本漢字史』、新潮選書、新潮社、平成二二年。ちくま学芸文庫、筑摩書房、令和二年。
（2）大山春樹作、宇野一路画『憲法の家』京都教材販賣株式會社、昭和二二年。
（3）脚本永村貞子、絵画松井末雄『赤と青』日本教育紙芝居協會、昭和二〇年。
（4）辻田真佐憲『ふしぎな君が代』幻冬舎新書、幻冬舎、平成二七年。
（5）辻田真佐憲『ふしぎな君が代』二〇四頁。
（6）信時潔『SP音源復刻盤　信時潔作品集成』DISC6、日本伝統文化振興財団、平成二〇年。
（7）憲法普及會『事業概要報告書』同會、昭和二二年、五八頁。
（8）和田登『踊りおどろか「憲法音頭」――その消えた謎の戦後』本の泉社、平成一八年。
（9）製作者の造幣局はこの面を表面とするが、一般的には裏面とされるのでこう表記した。
（10）大蔵省造幣局編『造幣局八十年史』同局、昭和二八年、九八頁。
（11）佐多稲子「社會時評」『婦人の世紀』第一号、東和社、昭和二二年、一七三頁。
（12）「公式令」「公式法（案）」「公文法式（案）」「公文方式法（案）」の変遷については、小島和夫「法令の公布をめぐる現行法制」『中央学院大学法学論叢』第一三巻第一号、中央学院大学法学部、平成一一年、一四一頁。日本国憲法下の「公布」制度の説明については、園部敏「新憲法下の法令の公布――公布制度再論」、『立命館創立五十周年記念論文集法学篇』立命館、昭和二六年、一七頁。
（13）高尾栄司『日本国憲法の真実――偽りの起草者ベアテ・シロタ・ゴードン』幻冬舎、平成二八年。

なお、同書で高尾は日本国憲法の女性の権利に関する条項は、ＧＨＱの民間情報教育局（ＣＩＥ）職員であり、ＧＨＱの女性解放政策の中心人物であった同局のエセル・ウィードにも近かったジーン・ルースト（ロウスト）の発案であったと指摘している。ジーン・ルースト（ロウスト）は民政局の人権起草小委員会の責任者ピーター・ルースト（ロウスト）の妻であり、この指摘は重要である。

(14) サン・ニュース・フォトス社については、白山眞理「五　サン・ニュース・フォトス――天皇写真」『〈報道写真〉と戦争――一九三〇―一九六〇』吉川弘文館、平成二六年、三四八頁。

(15) サン・ニュース・フォトス編著『天皇・Emperor』トッパン、昭和二二年。

(16) 藤樫準二『陛下の〝人間〟宣言――旋風裡の天皇を描く』同和書房、昭和二一年、八頁。

(17) 白山眞理、栗村恵美『山端祥玉が見た昭和天皇――摂政から象徴まで』ＪＣＩＩフォトサロン、平成二七年。

(18) 小野雅章「御真影・奉安殿の戦後『改革』――戦後教育改革における天皇制の転成」、『教育学研究』第五七巻第四号、日本教育学会、平成二年、三三〇頁。

(19) 占領期の天皇像の変化や天皇服などについては、北原恵「戦後天皇『ご一家』像の創出と公私の再編」、『大阪大学大学院文学研究科紀要』第五四号、平成二六年、二五頁。

(20) 半藤一利『マッカーサーと日本占領』ＰＨＰ研究所、平成二八年。

(21) 田中栄一『霜夜に祈る』警視庁内財団法人自警會文化部、昭和二六年、八頁。

(22) 茶谷誠一『象徴天皇制の成立――昭和天皇と宮中の「葛藤」』ＮＨＫブックス、ＮＨＫ出版、平成二九年。
(23) 辻田真佐憲『天皇のお言葉――明治・大正・昭和・平成』幻冬舎新書、幻冬舎、平成三一年、三一〇頁。
(24) 『朝日新聞』平成六年五月四日朝刊。
(25) 所功「昭和二十一年の『元号法案』関係資料――国立国会図書館所蔵『佐藤達夫文書』より」『産大法学』第二一巻第三号、京都産業大学法学会、昭和六二年、一三六頁。高久泰文「小林〔孝輔〕教授論文『元号法の法学的検討』に対する反論」『季刊教育法』第三七号、総合労働研究所、昭和五五年、一九二頁。
(26) 国民の祝日法の制定過程につき、清水節「占領期『国民の祝日に関する法律』の制定過程」、『藝林』第五七巻第一号、藝林會、平成二〇年、七四頁。
(27) 中村美帆「日本国憲法制定過程における『文化』に関する議論」、『文化資源学』第九号、文化資源学会、平成二三年、七七頁。同「戦後日本の『文化国家』概念の特徴――歴史的展開をふまえて」、『文化政策研究』第七号、日本文化政策学会、平成二六年、一三五頁。
(28) 森戸辰男「民主的文化國家の建設と文化革命」、『社會民主主義のために』第一出版、昭和二二年、一〇六頁。
(29) 片山哲『民衆の幸福』勞働文化社、昭和二二年。
(30) 田中耕太郎『新憲法と文化』國立書院、昭和二三年。

(31) 牧野英一『文化國家の理論』社會教育文庫、社會教育協會、昭和二二年。
(32) 高山岩男『文化國家の理念』秋田屋、昭和二一年。
(33) 長田新「文化國家の理念」、『學校教育』第三七四号、廣嶋高等師範學校附属小學校・學校教育研究會、昭和二四年、二頁。
(34) 藤田次郎「文化國家と消防」、『自警』昭和二二年一月号、自警會、昭和二二年、一六頁。
(35) 大久保嘉蔵「文化國家は下水道から」、『水道協會雑誌』第一五五号、水道協會、昭和二二年、一頁。
(36) 当時の日本国憲法記念映画につき、平野共余子『天皇と接吻――アメリカ占領下の日本映画検閲』草思社、平成一〇年、二六一頁。
(37) 大西祥世「『政治的、経済的又は社会的関係において、差別されない』の保障――憲法普及における男女同権の進展と停滞」、『立命館法学』三六一号、平成二七年、四頁。
(38) 大映株式会社製作『壮士劇場』(日本映画傑作全集・TND9468)。
(39) 『新憲法の解説』の書誌については、高見勝利編『あたらしい憲法のはなし 他二篇』岩波現代文庫、岩波書店、平成二五年が詳しい。まるで紀要論文のような長文の解説では、執筆の経緯には詳しいが、肝心の時代の空気やGHQとの関係、あるいは筆者たちの執筆姿勢の解析はよくわからない。
(40) 高見勝利編『あたらしい憲法のはなし 他二篇』岩波現代文庫、岩波書店、平成二五年。
(41) 上地聡子「『復帰』における憲法の不在――1951年以前の沖縄にみる日本国憲法の存在感」、『琉球・沖縄研究』第三号、早稲田大学琉球・沖縄研究所、平成二二年、七七頁。

（42） 佐藤達夫「マ草案の番号」、『ジュリスト』四七二号、有斐閣、昭和四六年、一〇頁。宮沢彬「父・俊義の思いで」、『ジュリスト』臨時増刊号『宮沢憲法学の全体像――宮沢俊義先生追悼』有斐閣、昭和五二年、一九九頁。江橋崇『「官」の憲法と「民」の憲法――国民投票と市民主権』信山社、平成一八年、五二頁。高尾栄司『ドキュメント皇室典範――宮沢俊義と高尾亮一』幻冬舎新書、幻冬舎、令和元年、一六六頁。

（43） 榎澤幸広「伊豆大島独立構想と1946年暫定憲法」、『名古屋学院大学論集社会科学篇』第四九巻第四号、同大学総合研究所、平成二五年、一二五頁。

（44） 中央兒童福祉審議會『兒童憲章制定のために』同會、昭和二五年。厚生省兒童局編『兒童憲章制定記録』中央社会福祉協議會、昭和二六年。

（45） 国立国会図書館の創設につき、石山陽「源流から辿る近代図書館38――占領軍図書館担当官キーニーの登場」、『日本古書通信』第八九五号、日本古書通信社、平成一六年、二〇頁。

（46） ジャスティン・ウィリアムズ『マッカーサーの政治改革』朝日新聞社、平成元年。赤坂幸一「占領下に於ける国会法立案過程――新史料・『内藤文書』による解明」、『議会政治研究』第七四号、議会政治研究会、平成一七年、一頁。

（47） 佐藤功「内閣法制定の経過」、『法律のひろば』第八巻一二号、ぎょうせい、昭和三〇年、一七頁。

日本国憲法のお誕生――その受容の社会史

2020年11月3日　初版第1刷発行

著　者　江橋　崇

発行者　江草貞治

発行所　株式会社　有斐閣

〔101-0051〕東京都千代田区神田神保町2-17
電話(03) 3264-1314〔編集〕
(03) 3265-6811〔営業〕
http://www.yuhikaku.co.jp/

印刷・大日本法令印刷株式会社／製本・大口製本印刷株式会社

ISBN 978-4-641-22796-5